VIE

ET AMOURS

DE

MARION DE LORME.

I.

VIE

ET AMOURS

DE

MARION DE LORME,

CONTENANT

L'Histoire de ses liaisons avec les grands personnages de la cour de Louis XIV,

ROMAN HISTORIQUE

Ecrit par elle-même, et publié

Par M. DE FAVEROLLES.

TOME PREMIER.

PARIS,

LIBRAIRIE DE DALIBON,

PALAIS-ROYAL, GALERIE DE NEMOURS, N.ºs 1 A 7.

1822.

INTRODUCTION.

Celle qui passa sa jeunesse avec les beaux esprits de la cour la plus spirituelle et la plus polie de l'Europe, peut avoir assez connu la société, pour en faire un tableau ressemblant, où, comme l'ont fait quelques peintres célèbres, elle occupera un des coins de la scène. J'ai vu tant de choses, je les ai bien vues, pourquoi n'en parlerais-je pas ? C'est ainsi que Marion de Lorme s'entretenait avec un de ses amis, qui remplaça, auprès d'elle, ceux qui n'existaient plus, et semblait demander son approbation, pour écrire les mémoires du temps où elle avait paru, dans le monde, avec une sorte d'éclat. Cet ami, qui lui tint lieu d'époux dans ses malheurs, désirait que sa vieille amie suivît son projet ; mais, connaissant combien la contradiction excite le désir, il paraissait, au contraire, désapprouver son entreprise, bien sûr qu'elle en deviendrait plus ardente à l'exécuter, et, en effet, le mystère qu'elle mit à ce travail le lui rendait plus agréable ; enfin, étant parvenue à tracer le cercle entier des inconcevables vicissitudes de sa fortune ; elle remit à cet ami fidèle ce gros manuscrit, qui, long-temps resté dans les mains d'un des amis de M. Beaumont, vient de m'être communiqué. J'y ajoutai quelques détails sur les dernières années de sa vie, qu'elle n'avait pu y mettre, et je m'empresse d'en faire part au public. Ce n'est point un enfant de la muse *romantique*, quoiqu'il s'y trouve de longs et pénibles voyages, des brigands, une pompe funèbre, que celle à qui on rend cet honneur voit passer, et ne peut s'empêcher de rire, en étant témoin de la douleur de ceux qui y assistent, et en réfléchissant combien il est facile d'en imposer à la multitude. On y trouvera encore des choses qui paraîtront des fables, mais qui n'en sont pas moins de la plus exacte vérité. Il faut se souvenir qu'il a été dit que le vrai n'est pas toujours vraisemblable.

VIE
ET AMOURS
DE
MARION DE LORME.

CHAPITRE PREMIER.

Je naquis le 16 mars 1606, en Franche-Comté, à Balheram près de Giez, dans un pays pauvre, et où, une partie de l'année, les habitans manquent de froment, et sont forcés d'avoir recours à des farines grossières pour se nourrir. Mon père, Jacques Grapin, était ce que l'on nomme un bourgeois de campagne, fils d'un greffier de la justice de la ville voisine, et il aurait succédé à son père dans cette importante charge, s'il avait mieux profité des leçons que son oncle, le curé de Balheram, lui avait données; mais il n'avait pas de dispositions pour l'écriture, encore moins d'aptitude pour l'orthographe; de sorte qu'un greffier, étant de sa nature une machine écrivante, si l'on n'écrit pas à peu-près couramment, on ne peut posséder ce bel emploi. Il fallut donc que M. Grapin, malgré ce nom qui était si bien d'ac cord avec la chicane, vendît la charge de mon grand-père, et se retirât, comme je l'ai dit, à Balheram, où il fit connaissance de la fille d'un cultivateur, qui se nommait Eléonore Jacquet. Elle avait été élevée aux Visitandines de Besançon, savait lire, écrire, compter; ses manières étaient polies et gracieuses; de plus, belle et trois mille francs en mariage. Mon père lui fit la cour.

Il était fort joli homme, avait une belle voix ; c'était lui que M. le curé priait de chanter le *credo* en musique, le jour du patron. Il dansait mieux que tous les jeunes gens du village, parce qu'il avait été six mois à Dol, où il avait pris des leçons d'un sergent d'artillerie, qui y était en semestre. Enfin Jacques Grapin et Léonore Jacquet étaient, de l'avis de tous ceux qui les voyaient, le plus beau couple à dix lieues à la ronde. Mon père était maître de ses actions, celui de Léonore ne s'opposa pas à celles de sa fille, qui était très-disposée en faveur de M. Grapin, et le mariage fut conclu.

M. Grapin mit une partie du prix de la vente de la charge de Mathieu Grapin, mon ayeul, en bijoux d'or, dentelles et habits de damas pour sa future. La noce dura trois jours, et il y eut pendant tout ce temps la nappe mise et des tonneaux en perce, ce qui dissipa le reste de l'argent comptant.

Mon père ne voulait pas payer la taille, et, pour s'en dispenser, il vécut noblement, c'est-à-dire qu'il ne fit rien, et ma mère encore moins, si ce n'est des enfans; mais on vivait à si bon marché dans cette province qui appartenait encore à l'Espagne, qui n'y levait presque pas d'impôts, que le petit revenu des terres que Grapin et sa femme donnaient à ferme, leur suffisait; mais ils n'avaient pas calculé que, jeunes et fort amoureux l'un de l'autre, n'ayant rien de mieux à faire que de se le prouver du matin au soir, et peut-être du soir au matin, ils auraient pour le moins un enfant tous les ans, quelquefois deux, et cela ne manqua pas. M. et Mme Grapin firent une fourmillière de petits Grapinaux, et je fus du nombre. Précisément quand Mme de Saint-Evremont, mère de l'auteur de ce nom, passa par Balheram pour aller en Suisse, la roue de sa voiture cassa; il ne se trouva point d'auberge où elle pût loger. Mon père, alors galant, ayant su qu'une belle dame était dans l'embarras, vint aussitôt lui offrir de descendre chez lui. Elle l'accepta, et il la conduisit dans sa maison qui était la plus belle du village et la mieux meublée. Il pria cependant la comtesse d'excuser s'il ne la recevait pas aussi bien qu'il aurait voulu; mais que Mme Grapin ressentait des douleurs pour accoucher. Madame de St.-Evremont, qui était avec le marquis de Villarceau, père de celui que j'ai vu tant de fois chez Ninon, lui dit, eh bien! marquis, vous serez mon compère; nous tiendrons l'enfant dont Mme Grapin accouchera. Le marquis accepta; et mon père fit à l'un et à l'autre beaucoup de remercîmens.

A quoi tient la destinée! Si la comtesse de St.-Evremont n'avait pas voyagé avec M. le marquis de Villarceau; si son voyage ne l'eût pas conduite à Balheram; si une pierre mise là par le diable, n'eût pas fait casser la roue de sa voiture, elle n'eût pas été ma marraine et M. de Villarceau mon parrain. Alors jamais Marianne Grapin n'eût été à Paris, et Dieu sait que de choses que je raconterai ici qui n'y seraient pas. Peut-être, moralement parlant, cela vaudrait mieux ; mais cela serait moins gai.

Mes parrain et marraine crurent sur la parole de la mère Jaqueline, sage-femme du lieu, qui se mêlait de prédire l'avenir, que je serais une des plus belles filles de France; et, prenant un ton inspiré : elle ajouta que j'irais à la cour; que je serais mariée avec un grand officier de la couronne; que je serais dans la confidence intime d'un grand ministre ; que je quitterais la France et que j'épouserais un grand seigneur étranger, mais que là finirait ma fortune, et que néanmoins je vivrais si vieille, que mon existence deviendrait un problême historique. Où cette bonne femme prenait-elle ces grands mots? Enfin, ce qu'il y a de certain, c'est que tout ce qu'elle avait dit, s'est trouvé vrai. Mme de St.-Evremont en rit beaucoup, et était surtout curieuse de savoir comment, du village de Balheram, j'arriverais au Louvre.

Elle quitta la Franche-Comté, et fut long-temps sans penser à moi, et son ami encore moins; mais elle avait mis dans mon berceau cinquante louis, et elle avait écrit sur le rouleau, pour les menus plaisirs de mademoiselle Grapin, quand elle aura quinze ans. On les trouva après le départ de la comtesse. Mon père les prit, les plaça et joignit toujours l'intérêt à ce fond, de sorte qu'à quinze ans, qui était l'âge où ils devaient m'être donnés, la somme avait presque doublé. Malgré que le nombre des enfans fût considérable et les revenus très-faibles, on ne se permettait pas d'y toucher, et on la conservait religieusement pour ma dot.

Un jeune homme, fils d'un fermier des environs, fut le premier à s'apercevoir que j'étais la plus belle fille du village. Sa figure aurait pu me plaire; mais ses manières rustiques ne pouvaient aller avec les miennes; car, ma mère, qui avait reçu, comme je l'ai dit, une fort bonne éducation, soignait la mienne et celle de ma sœur, qui promettait aussi de m'égaler par les charmes de la figure, mais non par l'esprit. Elle n'en avait justement que ce qu'il lui en fallait pour être heureuse dans la position où le ciel l'avait placée. Pour moi, je me souvenais toujours de l'horoscope de la mère Jaqueline. Ma mère m'avait dit aussi que mon parrain et ma marraine étaient des gens de la cour de France; qu'ils étaient très-riches, et que le don qu'ils m'avaient fait, en était la preuve. Dès que je pus tenir une plume, je leur écrivis chaque année. Ils me répondaient; et dans la dernière lettre de la comtesse, elle m'engageait à venir à Paris, qu'elle me recevrait dans sa maison; me marierait; que M. de Villarceau avait su que j'étais belle et gentille et qu'il se ferait un plaisir de voir sa filleule.

Ces propositions me charmaient. La maison paternelle commençait à me déplaire. Le nombre de marmots (car j'avais au moins sept à huit frères, dont le plus jeune, n'ayant que deux ans, pouvait faire craindre qu'il n'en vînt un autre), m'était insupportable. Me marier, était un moyen de m'en délivrer, mais j'aurais aussi des enfans, ce serait bien pis; les porter, les mettre au monde, les nourrir comme faisait ma mère, me paraissait la chose la plus fâcheuse. Aller à Paris faire la demoiselle, voir des hommes polis, gracieux, semblables aux héros des romans espagnols que la nièce du curé m'avait prêtés, me semblait plus agréable. Charles le Rond cependant me pressait de répondre à ses vœux. Je lui demandai un mois pour lui rendre une réponse définitive, et j'écrivis à Mme de Saint-Evremont, à-peu-près en ces termes :

Ma très-honorée marraine,

Vous me dites, dans votre dernière lettre, que vous voudriez me voir près de vous. Si c'est vraiment votre intention, me voilà à vos ordres. J'ai dans ce village un amoureux qui est assez beau garçon ; mais sans éducation, je serai malheureuse avec lui. Mon père m'a gardé l'argent que vous et mon parrain m'avez donné ; il l'a fait valoir, et cela fait près de cent louis. Si vous voulez vous charger de moi, je donnerai cet argent pour la dot de ma sœur cadette, elle épousera ce fermier. Ils seront heureux, car ils se conviennent; mais moi je le serai bien plus qu'eux si vous voulez de moi. Je suis avec respect,

Ma très-honorée marraine,

<blockquote>Votre très-humble et très-obéissante servante et filleule.</blockquote>

MARIANNE GRAPIN.

Je mis cette lettre à la poste, en allant au marché à Giez, et je n'en dis rien à mes parens, qui n'auraient peut-être pas voulu que je la fisse partir. Charles le Rond continuait toujours à me faire sa cour, et je lui disais, vous saurez ma réponse au temps que je vous ai marqué, et il ne gagnait rien sur mon cœur; car ses manières me déplaisaient infiniment. Ma sœur, au contraire, le trouvait très-bien, et elle me disait : « Si c'était moi que Charles aimât je ne le repousserais pas comme vous faites. »

CHAPITRE II.

Il arriva une lettre à mon adresse, elle était de Mme de St.-Evremont, ce qui étonna la famille; car on ne m'écrivait qu'au mois de janvier, et nous étions en juin. Mon père me dit de l'ouvrir. Elle contenait une lettre de change sur Besançon, de six cents livres, pour les frais de mon voyage; car ma marraine m'appelait auprès d'elle de la manière la plus aimable; et, par une délicatesse, dont je sentis tout le prix, elle ne parlait pas de ma lettre. Ma mère, qui protégeait Charles le Rond, me dit : et ton amoureux ? — Je ne l'aime point; il plaît à ma sœur, et si vous voulez bien me le permettre, je lui donnerai l'argent que vous m'avez, non-seulement gardé, mais même accru. Puis-je en faire un meilleur usage que d'assurer à ma sœur un état qui lui convient, tandis que je sens que je serai bien plus heureuse à Paris. — Oui, ma fille, reprit ma mère, mais on dit que c'est une ville bien dangereuse pour une jeune fille. — Quel danger puis-je courir, étant avec ma marraine? — Elle a un fils qui vous en contera, et il ne vous épousera pas. La mère Sainte-Aldegonde, qui qui m'a élevée, et qui l'avait été à Paris, disait que pour rien au monde elle ne voudrait y voir une jeune personne qui l'intéresserait. — La mère Sainte-Aldegonde, ma chère femme, vous ne parlez que d'elle. Il semble que tout l'esprit de l'univers fût dans sa tête.

Si Paris a été dangereux pour cette religieuse, ça n'a pas de rapport avec notre enfant. Les béguines ont toujours des histoires lamentables d'un monde dont elles veulent dégoûter les autres. Marianne est sage, elle va auprès d'une dame très-respectable, elle se conservera pure et sans tache, elle fera un bon mariage, et sera utile à ses petits frères. J'accepte pour Suzette ce qu'elle veut bien faire pour elle, et je m'en vais chez le père le Rond, arranger tout cela; et puis j'irai à Besançon, je recevrai l'argent de la lettre de change, je retiendrai ta place au coche pour mardi. — Mais un..... — Point de mais; je veux que cela soit comme cela.

Quand Jacques Grapin avait dit une chose, il n'y avait pas d'observations à faire. Eléonore se tut; mais quand il fut parti, elle se mit à pleurer. Tu nous quittes bien gaîment, me disait-elle, moi, qui t'aime tant, qui t'ai nourrie, soignée comme un poulet; tu nous quittes. — Vous voyez que mon père le veut. — Oui, il le veut, parce qu'il voit que cela le débarrasse d'un coup de ses deux filles; mais moi, qu'est-ce que je ferai avec mes chiens de petits garçons, qui ne sont bons dans un ménage, que pour tout culbutter. — Vous prendrez une servante. — Qui la paiera ? — Ma marraine; elle ne me demande pas pour me laisser sans argent; je vous enverrai ce qu'elle me donnera. — Je ne doute point de ton bon cœur, tu en donnes une grande preuve, en laissant à ta sœur tout ce que tu as; mais Paris, dit-on, non-seulement vous donne des défauts que vous n'avez pas, mais même vous ôte vos vertus, vous devenez insensible, léger, égoïste, comme le disait la mère Sainte-Aldegonde. — Pas tout le monde, ma mère, voyez

Mme de Saint-Evremont, M. de Villarceau, ils sont à Paris; peut-on être meilleur, plus sensible. — Je sais bien qu'il y a des exceptions. — Eh bien, ma mère, j'en serai une. Je caressai ma mère: je lui dis tout ce que je pus pour la consoler, et elle finit par croire que ce voyage me serait très-avantageux t à ma famille.

Mon père revint avec Charles, qui me témoigna tous ses regrets ; mais il était aisé de voir que la dote le consolait. On fit venir ma sœur, qui ne savait encore rien : elle fut enchantée, et le laissa voir avec la franchise de son caractère. Elle eût voulu toutefois que je fusse restée pour sa noce; mais mon père dit que je ne devais pas faire attendre ma marraine, que je partirais mardi, comme je l'avais dit. Je répondis à madame de Saint-Evremont; je lui marquai toute ma reconnaissance, et l'assurai que je ne perdrais pas un instant pour me rendre auprès d'elle. Mon père partit pour Besançon, toucha mon argent, et retint ma place. Nous étions au jeudi : il n'y avait pas trop de temps pour mettre mon trousseau en ordre. Enfin, le lundi matin, j'embrassai, pour la dernière fois, mon excellente mère, mes bambins de frères, ma sœur et même mon futur beau-frère ; et mon père, ayant monté sa grande jument baie, il me prit en croupe, où j'étais assise sur la valise qui contenait mes effets. J'avais versé quelques larmes ; mais elles furent bientôt séchées, en pensant au beau voyage que j'allais faire, et qui me paraissait un acheminement à l'horoscope de Jacqueline. J'allai plus loin : j'en voyais l'accomplissement dans cette première démarche, je me disais : « Je vais donc être à la cour, je verrai le roi et la reine de France, que l'on dit si belle » ; et je me faisais une image délicieuse de l'avenir qui s'ouvrait devant moi. Mon père me parlait de mes frères. « Tâche, me disait-il, de faire obtenir une bourse dans un séminaire à Pierre. Il a une figure de prêtre, il réussira, je suis sûr, dans cette carrière. Si tu trouves chez ta marraine un colonel qui veuille de Philippe dans son régiment, tu me l'écriras ; je l'enverrai. Tu feras en sorte de faire entrer Jérôme dans la finance. Pendant ce temps, les petits s'élèveront ; mais tâche de nous débarrasser des trois aînés. » Je lui répondis : « Je ne demande pas mieux, je ferai tout ce qui me sera possible. — Tu es jolie, cela suffit à Paris ; tout ce que demande une jolie femme, elle l'obtient. « Je me voyais déjà accablée par les demandes continuelles de ma famille, et je cherchais dans ma tête comment m'y soustraire. « Je leur enverrai de l'argent, me disais-je, tant que cela me sera possible. Je le dois : ils m'ont élevée, mais passer ma vie à demander pour Pierre, Philippe, Jérôme, etc., le bon Dieu les bénisse, je n'en ferai rien, ils peuvent en être sûrs. » Cette conversation et mes différentes réflexions abrégèrent la route. Nous arrivâmes à Besançon, et nous allâmes coucher à l'auberge d'où partait le coche. Ceux qui liront ces mémoires n'ont pas même l'idée de cette ennuyeuse voiture qui faisait huit lieues par jour, en dix-huit heures.

Imaginez-vous une voiture longue de douze à quinze pieds, large de quatre, entièrement revêtue, en dehors et en dedans, d'un cuir sur lequel il se trouvait un pouce de crasse. Cette voiture contenait seize personnes, assises, quatre à quatre, sur des banquettes, ayant toutes le visage du côté du cocher. On y pratiquait de petites ouvertures, deux de chaque côté, pour donner de l'air, et qui se fermaient avec des stores, aussi de cuir; de sorte que, lorsque le froid ou la pluie obligeaient de les tenir baissés, il faisait profondément nuit dans ce triste char.

On vint nous éveiller avant trois heures du matin, et on m'apporta du lait chaud aux œufs et au sucre. Mon père, qui ne partait pas, prit un seul petit verre d'eau-de-vie. J'eus bientôt fait ma toilette, et nous descendîmes dans la cour, où je fus effrayée du nombre d'hommes qui partaient avec moi. Je les comptai et je trouvai deux moines de Citeaux, trois officiers d'artillerie, sept séminaristes et leur supérieur, une nourrice et une bourgeoise d'environ soixante ans. De compte fait, il y avait treize hommes, nombre aussi fatal, comme je m'en convainquis, en voiture qu'à table.

L'essaim noir et son conducteur,

sans prendre garde s'il y avait des femmes ou des gens plus âgés qu'eux, s'emparèrent de toutes les places du fond, et par la politesse des moines et des officiers qui me firent passer, je me trouvai sur la banquette du milieu, qui, comme on sait, est celle qui éprouve le plus la violence des cahots, étant posée directement sur l'essieu ; mais je n'en connaissais pas l'inconvénient, et je m'y assis, après avoir embrassé mon père, qui, je crois, à cet instant, versa une larme, et me souhaita toutes sortes de bonheur. L'un des officiers, qui était capitaine, se mit auprès de madame La Caille (c'était le nom de la bourgeoise qu'il connaissait); un sous-lieutenant se plaça à mes côtés; sur la dernière banquette, étaient un officier, deux moines et la nourrice. J'aurais voulu que l'on laissât toutes les portières ouvertes ; mais madame La Caille dit qu'elle avait une fluxion, et le supérieur un rhumatisme: ce fut, par grâce, qu'on laissa lever le stor le plus près de ma banquette. L'aurore paraissait, et je pouvais distinguer les différentes physionomies des voyageurs ; car, au moment où nous étions montés en voiture, il faisait profondément nuit. Voici quel fut le résultat de mes observations.

Je jetai d'abord les yeux sur les séminaristes, tous jeunes gens à peu près de mon âge, que mon grand œil noir, en se portant sur eux, fit rougir jusqu'à la racine des cheveux. Tous les sept baissèrent leurs paupières au même instant, comme si un fil les eût soumis au même mouvement, et, à un signe de leur supérieur, ils se mirent tous à remuer les lèvres, et à faire passer, dans leurs doigts, les grains d'un rosaire. Ils priaient, et nulle expression ne se peignait dans leurs traits, qui portaient encore cependant l'image de la santé et de l'innocence, à l'exception d'un seul, qui avait environ vingt ans, et paraissait très-éveillé. Il n'en était pas de même du supérieur : son excessive maigreur et la teinte jaune de son teint faisaient apercevoir qu'il avait livré au démon de rudes combats, et qu'il s'assurait le repos éternel, en se fatiguant sans cesse, dans le temps, par les austérités de tout genre. M. l'archevêque (1), instruit de ses hautes vertus, l'avait nommé supérieur du séminaire de Saint-Sulpice, à Paris, place éminente qui pouvait fort bien conduire l'abbé à l'évêché, et je vis, dans toutes ses manières, qu'il ne négligeait rien pour y parvenir. Je n'ai jamais rencontré d'homme dont les mouvemens fussent plus étudiés. Les yeux baissés, les prunelles avaient une telle mobilité, qu'aucun

---

(1) M. de Gondy, oncle du cardinal de Retz.

objet n'échappait à ses regards. Il m'avait bien vue portant les yeux fort innocemment sur ses disciples ; il les avait vu rougir ; donc il y avait un commencement de trouble dans leurs ames. Il avait pris, contre cet artifice du démon, le seul remède qu'il pouvait employer, et les pauvres jeunes gens n'en furent que pour réciter, deux heures de suite, de saintes prières. Comme leur salut m'intéressait, dès qu'ils avaient fini, je recommençais le même regard. Même rougeur, même signal, mêmes pieux exercices. Je puis bien dire que, pendant les douze jours que nous fûmes en route, ils dirent au moins quarante à cinquante rosaires, sans compter tout le bréviaire, qu'ils récitaient à demi-voix, ce qui faisait un murmure, dont les officiers et madame La Caille se plaignaient, sans pouvoir obtenir qu'ils se contentassent de psalmodier intérieurement, et, comme le capitaine en priait le supérieur, il lui répondit : « Il n'est rien, monsieur, que je ne fisse pour vous faire plaisir ; mais, chargé du salut de ces jeunes gens, qui me sont confiés, il faut que je sois certain qu'ils remplissent exactement les exercices qui leur sont imposés par leur état. Nous prononcerons le plus bas qu'il nous sera possible, pour ne vous intérrompre que le moins que nous pourrons. » L'extrême politesse et la douceur du directeur ne purent donner prise à une rixe qui eût diverti les officiers. Quant aux moines, ils attendaient qu'ils fussent arrivés à l'auberge, pour dire leur office : ils causaient, d'une manière gaie et décente, avec les officiers, madame la Caille et la nourrice. Moi, je gardais le silence, excepté avec mon jeune sous-lieutenant. Il était d'une figure charmante : il me disait des choses si aimables, qu'il était impossible de ne pas répondre. Le capitaine et madame La Caille causaient bas, si bien que je n'entendais pas ce qu'ils disaient : d'ailleurs que m'importait ? Le chevalier de Florange m'occupait assez, pour m'embarrasser peu des autres. Je sus qu'il entrait dans la garde du roi, et que par conséquent il serait à Paris toutes les fois que Sa Majesté y serait. Il avait entendu parler de madame la comtesse de St.-Evremont : il se ferait présenter chez elle, et aurait le bonheur de me faire sa cour. Je trouvai ses manières si agréables, son ton si doux, si poli, que je me faisais déjà les plus douces illusions. « Je le verrai, me disais-je, madame de Saint-Evremont le trouvera, comme moi, un jeune homme charmant, et elle nous mariera : cela vaudra mieux que Charles le Rond. La jolie chose que de s'appeler madame de Florange ! Comme cela sonne bien à l'oreille ! Quelle différence avec madame le Rond ! Oh ! que j'ai bien fait d'écrire à ma marraine !

~~~~~~

CHAPITRE III.

A la dînée, le capitaine ne s'occupa que de madame La Caille, et ne me dit pas deux mots. Le chevalier de Florange, au contraire, eut toutes sortes d'attentions pour moi : les longues soutanes furent toujours d'une modestie exemplaire. Leur directeur parla théologie avec l'un des moines, qui était docteur de Sorbonne. Ils s'échauffaient, et je crus, un moment, qu'ils en viendraient aux voies de fait. Le directeur, d'un naturel moins irritable que celui du moine, se laissa persuader par le capitaine, qui lui fit ce raisonnement : « Avec la robe que vous portez, monsieur, et celle du moine, il est impossible de terminer honorablement une querelle, puisque vous ne pouvez décemment vous couper la gorge : ainsi, tôt ou tard, il faudra vous raccommoder ou faire semblant. Profitez de l'occasion, cédez sur un point peu important : cela sera d'un bon exemple pour vos disciples. » Le directeur dit qu'en effet ce point de controverse ne tenait point à la doctrine. Le moine, que l'autre officier sermonait, parut satisfait par cette déclaration, et le calme se rétablit. On remonta en voiture. A la couchée, il fallait s'arranger pour les logemens. Madame La Caille dit qu'elle ne voulait point de la nourrice dans sa chambre, que l'enfant crierait et troublerait son sommeil ; qu'elle voulait une chambre à deux lits avec moi. La pauvre nourrice fut obligée de passer la nuit dans la cuisine ; car elle n'osait, avec tant d'hommes, coucher seule dans une chambre. En sortant de souper, madame La Caille me prit par le bras, et me conduisit dans celle où nous devions coucher. Quand nous y fûmes entrées, elle ferma la porte, et me dit : « Vous m'avez inspiré, mademoiselle, un grand intérêt. Vous êtes belle à ravir ; mais la beauté est fragile : il faut savoir en tirer parti. Vous débutez dans le monde, il est facile de le voir. Que voulez-vous faire de votre sous-lieutenant ? Un amant ou un mari ? — Mais, madame, il me semble qu'un amant doit toujours être ensuite un mari. — Ah ! ma chère petite, on voit bien que vous êtes la candeur même ; mais enfin il faut que vous sachiez..... Alors elle me débita toutes les maximes, dont son ame perverse était pétrie, et qui, au premier moment, me parurent si mauvaises, qu'elles me firent prendre cette femme en horreur.

Elle me soutenait que M. de Florange ne valait rien pour un début, vanta le capitaine. « Il est riche et généreux : voilà du solide. Qu'irez-vous faire chez votre marraine ? Venez avec moi chez le capitaine, qui est mon ami. Il a une belle terre auprès de Blois : vous serez là dame et maîtresse. — Je n'aime point le capitaine ; je vais chez ma marraine, à Paris, et je ne veux pas m'enfermer dans un château sur les bords de la Loire. Autant valait rester à Balheram ! » et elle me disait : « Vous ne savez ce que vous dites. Une fille de quinze ans, belle comme vous êtes, avec un homme de cinquante ans, riche et généreux, est comme le poisson dans l'eau. » Ces propos m'ennuyaient. Je lui dis que je voulais dormir, et je me couchai ; mais ce qu'elle m'avait dit me tourmentait. Je ne m'endormis pas. Je vis qu'elle ne se couchait pas, et qu'elle n'éteignait pas la lumière, mais qu'elle la cachait, pour que je ne la visse pas.

Quand il n'y eut plus de bruit dans l'auberge, je la vis ouvrir sa porte avec une extrême précaution. Elle sortit. Je fus fort inquiète de ce qu'elle était devenue, et, pensant que peut-être elle n'avait pas fermé la porte, je me levai avec un simple jupon, sans me donner le temps de me chausser, et je vins pour fermer le verrou ; mais, au même moment, la porte s'ouvre, et je me sens pressée dans les bras d'un homme. Je jette les hauts cris ; le chevalier de Florange, que l'amour tenait éveillé, accourt avec son épée à la main, et me trouve luttant contre le capitaine. La vue du jeune officier calma les transports de son rival. Il me laissa échapper, et j'allai aussitôt me cacher derrière les rideaux de mon lit; mais que devins-je, quand M. de Sauvrai (c'était le nom du capitaine), dit à M. de Florange qu'il eût à descendre, qu'il le rejoindrait, qu'il ne demandait que le temps d'aller chercher son épée? Cependant toute l'auberge avait été réveillée par mes cris, et accourait dans ma chambre, à l'exception de madame La Caille, qui ne reparaissait point. Je me plaignis hautement de sa conduite, je rapportai tout ce qu'elle m'avait dit, et enfin, comme elle était descendue en laissant la porte ouverte, on jeta contre elle feu et flamme. Je demandai à la femme de l'aubergiste, qui s'était levée, de coucher dans sa chambre. Elle m'assura qu'en prenant avec moi la nourrice, qu'elle connaissait, il n'y avait pas la moindre chose à craindre. Madame La Caille ne s'était pas couchée ; ainsi le lit était tout fait.

Cependant j'étais très-inquiète de M. de Florange, et en effet ces messieurs s'étaient rejoints dans le jardin, où, par le plus beau clair de lune, ils avaient mis l'épée à la main. Le capitaine avait été blessé, et madame La Caille accourut pour qu'on lui donnât des secours. Elle fut accueillie par les injures les plus grossières et les épithètes les plus offensantes. Il paraît qu'elle y était accoutumée. Elle répondit que je ne savais ce que je disais, qu'elle avait été prendre l'air dans le jardin ; qu'elle avait fermé la porte, que j'avais été pour l'ouvrir à M. de Florange, et que M. de Sauvrai, qui remontait aussi chez lui, s'était trompé de porte. On ne crut pas un mot de toute cette histoire, et on lui signifia qu'elle ne passerait pas la nuit dans ma chambre, et, après l'avoir mis dehors, on alla relever le blessé, que l'on rapporta dans sa chambre. M. de Florange ne le quittait pas, et lui rendait tous les soins de la plus touchante amitié. L'un des moines était fort bon chirurgien : il mit le premier appareil, et assura que la blessure n'était pas dangereuse. Florange passa la nuit auprès de lui. Je m'enfermai avec la nourrice et son enfant, qui, heureusement, ne cria presque pas, et je dormis fort tranquillement.

A l'heure du départ, M. de Sauvrai me fit faire des excuses. Madame La Caille dit qu'elle ne pouvait quitter le blessé, et, au fait, quoiqu'elle fût aguerrie aux effets du mépris, elle n'osa pas prendre place dans la voiture. M. de Florange, étant assuré, par un homme de l'art, que l'on avait fait venir, qu'il n'y avait pas le moindre danger dans l'état de M. de Sauvrai, continua sa route avec moi, à notre mutuelle satisfaction.

Le capitaine et l'indigne La Caille furent remplacés par un employé des douanes et sa femme, qui avait obtenu une place à Nogent-sur-Seine : c'étaient des jeunes gens, qui s'aimaient encore très-vivement. Il n'y avait pas un an qu'ils étaient mariés. La femme était jolie, le mari un bon vivant : ils paraissaient des êtres vertueux et sensibles. J'enviai leur sort, et je me disais : « Si j'épouse Florange, nous serons ainsi. L'idée d'un bonheur légitime charmait encore mon cœur. Cependant, le croirait-on ? à quinze ans, élevée, dans un pauvre village, sous les yeux de parens vertueux, n'ayant jamais eu que de bons exemples, les discours de cette malheureuse, qui d'abord m'avaient révoltée, se montrèrent à moi sous une face moins hideuse, et je ne pus douter qu'ils avaient fait quelqu'impression sur moi. Tous les hommes ont plus ou moins de penchant au mal. Eh bien! je suis obligée d'en convenir, depuis cette maudite conversation, je me sentais entraînée vers cette liberté de mœurs, que cet ange de ténèbres m'avait présentée avec tant d'éloquence, et, en réfléchissant depuis à l'évènement qui me fit regarder, par tout ce qui en fut témoin, comme la vertu même, je suis obligée de convenir que, si c'eût été M. de Florange qui fût entré à la place de M. de Sauvrai, je n'aurai peut-être pas crié si haut. Oh! combien on fait honneur à la vertu d'une résistance qui n'est souvent que l'effet de l'antipathie. Le chevalier continua à être très-aimable avec moi : je lui devais de la reconnaissance, et je n'étais pas fâchée d'avoir un prétexte pour demander, pour lui, à madame de Saint-Evremont, la permission de le lui présenter. Plusieurs jours se passèrent sans aucun autre accident.

Les moines nous quittèrent à la troisième journée : ils se rendaient dans une abbaye de leur ordre, et ils trouvèrent à l'auberge deux fort beaux chevaux, qui les attendaient, et un valet pour les accompagner. Ils s'étaient conduits avec décence et sans affectation. J'ai toujours pensé que leur religion valait bien au moins celle du directeur. Je riais quelquefois de l'inquiétude que je causais à ce maître sévère. Malgré sa surveillance, un de ses disciples s'était hasardé à m'écrire un billet, qu'il me glissa dans la main au moment où j'y pensais le moins. Je crois amuser le lecteur, en m'en rappelant le contenu.

CHAPITRE IV.

« Vous êtes, mademoiselle, belle à ravir, et je sens qu'après vous avoir vue on ne peut pas renoncer au bonheur que l'amour répand dans nos âmes. Ce sont mes parens qui veulent que j'entre dans l'état ecclésiastique. Je ne m'en sens pas la vocation, surtout depuis l'instant que je vous ai vue. Que je sache seulement que vous agréez mes vœux, et, en arrivant à Paris, je quitte la soutane et le petit collet, et je viens jurer à vos pieds... Je crains que notre argus ne s'éveille : ne me répondez pas, mais seulement quand nous nous reverrons demain matin, daignez mettre dans vos cheveux une couronne de bluets que vous trouverez dans votre chambre. »

J'avoue que cette double intrigue m'amusa, et quoique je ne fisse aucune comparaison de l'abbé avec le chevalier, je ne trouvai pas moins plaisant de paraître accepter les hommages du séminariste, pour lui faire quitter sa jupe noire. Non-seulement je ne m'en faisais point de scrupule, mais même je m'en applaudissais ; c'était, selon moi, rendre un service à l'Etat, puisque c'était un meurtre qu'un si beau jeune homme, car réellement il était très-bien, prît le petit collet; ne valait-il pas bien mieux qu'il portât un mousquet. Je trouvai, comme il me l'avait dit, une couronne de bluets dans ma chambre; mais où les avait-il pris, et comment étaient-ils là, voilà ce que ce que je n'ai pas su; mais j'en conclus que le petit abbé était un adroit compère. Je me parai de la couronne, comme il m'en avait prié, et elle m'allait à ravir. Quand il me vit entrer ainsi coiffée, il n'y eut directeur qui tînt, il ne put dissimuler sa joie. « Ah! ciel, s'écria-t-il, quel bonheur est comparable à celui que vous destinez à vos élus!—Pas si haut, dit le directeur, et puis vous vous trompez, nous ne sommes aujourd'hui qu'à samedi, et ce répons est du lundi à laudes, et pourquoi le dire en français? cela ferait croire que vous êtes protestant.—Dieu m'en garde, mon père, on ne proteste point sur ce qui comble nos vœux.—Vous avez bien raison, mon cher fils, vous êtes infiniment heureux.—Plus que je m'en flattais, mais je tâcherai de me rendre digne de mon bonheur. — J'en suis persuadé. *Deus in adjutorium meum* etc., entonna le directeur, pour commencer les laudes. Je ne pouvais m'empêcher de rire, et le regard furtif que m'adressa le petit abbé, avait quelque chose de si tendre et de si naïf, qu'il m'alla au cœur, de sorte que je répondis au chevalier avec une sorte de distraction. Il me disait aussi que j'étais belle comme Flore; que cette couronne m'allait à ravir; mais qui est-ce qui me l'avait donnée. Revenant à moi, je répondis, est-ce que ce n'est pas vous? — Mon dieu non. Quel est le téméraire qui ose vous offrir une couronne? si je le connaissais. — Eh! mon dieu, voyez un peu le mal qu'il y aurait. — Vous le défendez! raison de plus pour que je lui voue une haine éternelle. — Ah! monsieur, dit mon petit abbé, haïr éternellement! Comment avouer un pareil sentiment? aimer au-delà des temps, mon cœur le conçoit... — Oui, vous le concevez, mais est-ce Dieu que vous aimez ainsi...? — Mon frère, on n'interrompt pas ses saints exercices, pour se mêler à une conversation mondaine. Vous garderez le silence le reste du jour pour expier cette faute... Mon petit abbé devint rouge comme un coq, non de honte de sa faute, mais de colère et de jalousie. Celle du chevalier n'était pas moins ardente. Je me trouvais assez embarrassée entre eux deux; et je me repentais de ma coquetterie. L'abbé était devenu muet, le chevalier boudait. Je ne savais que faire de mes yeux. Par distraction ils se portèrent sur l'employé des douanes, et voilà sa femme qui lui cherche querelle; lui demande s'il a déjà oublié qu'elle a fait sa fortune, que sans elle il aurait encore été dix ans dans les grades subalternes; si parce qu'elle n'était pas si belle que d'autres que l'on rencontrait par hasard, ce n'était pas une raison etc., etc. Enfin, un torrent de paroles, auxquelles le pauvre mari, qui n'avait seulement pas pris garde à moi, ne répondait qu'en haussant les épaules; mais la jalousie de sa femme éveilla sa curiosité. Il en considéra l'objet avec attention, et il vit en effet que j'étais infiniment plus belle que sa Claudine, et il me fit des excuses de tout ce que disait sa femme, qui ne pourrait m'empêcher d'être la plus belle personne qu'il eût vue. — Votre compagne, monsieur, n'a sûrement pas voulu parler de moi. Quelle raison aurait-elle ? — Quelle raison ? il est bon là : quand je vois vos grands yeux, les plus beaux que l'on puisse voir, fixés sur le visage de mon époux pour lui tourner la tête. — Je vous jure, madame, que c'est par distraction. — Oh! oui, mademoiselle est très-distraite, reprit M. de Florange; c'est par distraction qu'elle s'est coiffé aujourd'hui avec tant de soin, pour placer sur ses cheveux cette couronne; c'est par distraction qu'elle tourne ses regards perfides sur votre époux. Oh! je ne le vois que trop, malheur à celui qui l'aimera. L'abbé ne tenait pas sur sa banquette; tous les muscles de son visage étaient en contraction, il se serrait les poings, se mordait les lèvres, mais gardait le silence. Quant à moi, je dis que si on continuait à me tracasser ainsi, je resterais dans la première auberge, et j'y attendrais une autre voiture. Cette menace effraya M. de Florange. Il me prit la main que je ne retirai pas, et me dit les choses les plus tendres ; des larmes coulèrent de ses yeux les plus beaux, après les miens, que l'on pût voir. Un sourire se plaça malgré moi sur mes lèvres, et la paix fut conclue ; je lui jurai que je ne savais pas qui avait mis cette couronne dans ma chambre, que je croyais, comme je lui avais dit, que c'était lui. Il voulut me parler de l'abbé ; je lui demandai s'il me croyait folle, de préférer une soutane à un habit militaire ; que je ne connaissais, ni ne voulais connaître ce petit abbé, dont je ne savais pas même le nom. Il me crut, et comme je le préférais réellement au séminariste, je ne m'occupai que de lui. Je ne regardai pas l'abbé, encore moins l'employé des douanes, ce qui tranquillisa sa chère compagne, et la journée se passa très-bien.

Le chevalier était cependant, toujours fort triste, quand le soir je m'enfermais avec la nourrice. Si j'avais pu croire que réellement il m'épouserait, j'aurais peut-être prolongé un peu plus la soirée; mais je n'avais pas oublié les conseils perfides de madame La Caille, je me souvenais aussi de ce qu'elle avait dit, en parlant du sous-lieutenant, ces jeunes gens-là, disait-elle, n'épousent jamais; et puis une pauvre fille est bien embarrassée. Je ne fus donc pas plus facile que je ne l'avais été jusqu'alors, et peut-être fis-je bien.

Quant à l'abbé, il était au désespoir, il avait passé une journée cruelle; condamné au silence, et ayant sous les yeux le triomphe de son rival, car il ne pouvait plus douter que le chevalier était préféré, il passa la nuit à m'écrire une lettre de reproches, ce qu'il finissait par ces mots : « Je suis gentil-homme; je quitterai la soutane et j'irai chercher M. de Florange, et j'éteindrai dans son sang mon fatal amour pour vous, la plus belle, la plus charmante, mais la plus perfide des femmes. » Tout le mystère de la couronne de bluet était dévoilé dans cette lettre. Il était clair que j'avais consenti à recevoir son hommage, en me parant de cette couronne. Tout cela était expliqué, sans qu'il fût possible d'y donner un autre sens.

A l'instant de monter en voiture, où l'on sait que le supérieur et ses confrères se plaçaient les premiers, mon abbé s'approche de moi, et vient me remettre sa lettre. Je voyais le chevalier qui suivait tous ses mouvemens. Je retire ma main, au moment où il croyait que je l'avançais pour la recevoir; elle tombe à terre, et, avant que j'eusse eu le temps de la ramasser, ou au moins de l'éloigner pour qu'elle ne tombât pas entre les mains du chevalier, il s'en était emparé. J'en éprouvai une grande inquiétude; mais comme il ne changea pas de manière avec moi, ce qui me surprit, je me disais, il n'a pas lu la lettre; l'orage éclatera à la dînée, et j'attendais patiemment. Au surplus, s'il se fâche, me disais-je, il me restera l'abbé; et enfin, si tous deux prennent le parti de s'éloigner, Paris est grand, ma marraine voit la cour et la ville; il ne me sera pas bien difficile de les remplacer. Je causai fort gaîment avec M. de Florange; je regardais à la dérobée le séminariste, qui ne semblait pas s'occuper de moi, ce qui me piquait. Il parlait à ses camarades, mais en latin, de sorte que je ne savais ce qu'il disait ; et je me persuadais que c'était du mal des femmes, car les autres riaient, et le supérieur mêlait quelques mots d'approbation.

Enfin nous nous arrêtâmes à Langres, où on devait séjourner. En arrivant, le chevalier me donna la main comme de coutume ; mais en entrant dans la cuisine, il dit qu'on lui préparât une chambre, et qu'il dînerait seul ; et, sans me donner le temps de lui faire aucune observation, il suivit la servante, qui tenait la clef, et disparut. Me voilà seule, car dès que celui que l'on aime n'y est plus, au milieu de la foule on se trouverait isolé. Je demandai aussi une chambre pour moi et la nourrice, et je dis que nous mangerions toutes deux. C'était une petite femme douce, et qui avait soin de moi comme si c'eût été ma parente. Je croyais toujours que le chevalier viendrait, soit pour rire avec moi de la lettre du séminariste, que je me figurais être très-ridicule, soit pour me reprocher mon infidélité. J'avais lu dans les romans espagnols que c'était ainsi que cela se passait, mais je n'en entendis point parler.

Je dînai toutefois de fort bon appétit avec la petite nourrice, à qui je ne voulus pas laisser payer sa part. Après dîner, ni chevalier, ni abbé, pas même l'employé de la douane ne vinrent; mais un gros marchand coutelier, qui allait à Paris pour la foire St.-Laurent (1), et ayant su qu'il y avait une jolie personne dans le coche, il s'était fait l'honneur, disait-il, de venir me voir et savoir qui est-ce qui avait privé la société du plaisir de me posséder

---

(1) Qui avait lieu pendant l'été au faubourg Saint-Laurent.

à dîner. — Rien, monsieur, je suis très-fatiguée, très-ennuyée de la route, et je désire me reposer aujourd'hui. — Ah çà! demain vous vous réunirez à la société. — Cela dépendra comme je me trouverai. — Mais, mademoiselle, avec des yeux, un teint comme les vôtres, il est difficile de faire croire que vous soyez malade; et vous feriez bien mieux de venir dans la salle, jouer à la triomphe et rire, que de rester enfermée dans votre chambre, par le beau temps qu'il fait. — Je n'aime point le jeu. Le beau ou le mauvais temps me sont égaux, et je vais bientôt me coucher, parce que j'ai mal à la tête. — C'est un mauvais mal quand c'est le cœur qui le cause. Un moment d'humeur avec un beau sous-lieutenant qui boude aussi de son côté. Je suis bien sûr que si vous lui faisiez dire un mot, il serait à vos ordres. — Je ne donne d'ordre à personne, et il n'y rien a qui n'y paraisse, d'après ce que j'ai eu l'honneur de vous dire, il me semble, monsieur, qu'à votre place, je me hâterais de me retirer. — Eh! bien, mademoiselle, à la mienne, je vous assure que vous resteriez; car je n'ai jamais eu tant de plaisir, que j'en éprouve maintenant en ayant celui de vous voir. — Mais, monsieur, je désire être libre dans ma chambre; si vous vouliez vous retirer, vous m'obligeriez. — Je n'oblige personne à mes dépens. Comme en vous obligeant, je me désobligerais, je reste. — Alors, monsieur, vous en êtes le maître; moi, je sors; et je pris le bras de la nourrice pour m'en aller. Le marchand barra la porte et dit : un baiser, ou vous ne sortirez pas. J'étais très-leste ; je lui donnai un coup sur le bras, qui, par la douleur qu'il en ressentit, le força à le baisser. Alors je passai entre lui et le chambranle de la porte, et me voilà tout d'un trait dans la cuisine, où je me plaignis à la maîtresse de l'insolence du marchand forain, qui s'emparait de ma chambre.

L'officier, qui avait toujours été indifférent à tout ce qui se passait autour de lui, parce qu'il était sourd aux coups de canon; et je ne m'en étais pas aperçue, monte néanmoins, et trouve notre marchand en conversation très-animée avec la nourrice, qui opposait des argumens très-expressifs à ceux que le marchand lui faisait. Il avait déjà reçu quelques gourmades bien appliquées, quand l'hôte et l'officier vinrent au secours de la paysanne, et signifièrent à ce grossier personnage qu'il eut à descendre; et, comme il voulait résister, l'officier leva la canne, ce qui enfin le détermina à sortir de ma chambre. Pendant ce temps, je m'étais réfugiée dans celle de l'hôtesse, où peu d'instans après, je vis entrer

M. de Florange. Quoi, lui dis-je, on ne vous verra donc pas ce soir? — Non, mademoiselle, j'ai des lettres à écrire. — Me rendrez-vous celle qui m'était adressée, et dont vous vous êtes emparé? — Vous l'aurez demain, pas avant. — Mais, monsieur, cette lettre m'est adressée. — Voulez-vous, mademoiselle que je l'envoie à madame de Saint-Evremont? — Ce serait un mauvais procédé de plus. Au reste, comme il vous plaira ; mais j'aimerais mieux que l'on m'accusât de coquetterie, car cela se borne là, que d'être regardée comme un homme qui se fait un jeu d'enlever à une jeune personne son unique protectrice. Au surplus, je vous le répète, vous ferez comme il vous plaira. Ce ton, moitié fier et moitié plaisant déconcerta entièrement Florange. Il fut un instant sans répondre. J'en profitai pour le quitter. Je fus me renfermer avec la nourrice dans ma chambre, où j'avais dit que l'on nous apportât à souper.

Le chevalier fit demander à me parler. Je répondis que j'allais me coucher, que s'il avait quelque chose à me dire, nous nous verrions le lendemain. Je me couchai en effet de fort mauvaise humeur, mécontente de Florange, de l'abbé et surtout de moi. Je dormis mal, et il me sembla qu'à mon réveil, j'étais moins jolie. Je descendis pour le départ, et je ne vis point le chevalier. J'éprouvai un serrement de cœur, qui ne me fit que trop connaître que je l'aurais tendrement aimé. Il avait quitté la voiture et pris des chevaux de poste. L'hôte me remit une lettre cachetée, qui contenait celle de l'abbé. La sienne me disait, entre autres choses, qu'il me quittait, sentant qu'il lui serait impossible de résister à l'influence de mes charmes; qu'il ferait la folie de se raccommoder avec moi; que je le tromperais le lendemain; qu'il espérait bien ne me rencontrer jamais, me regardant comme la plus dangereuse des syrènes. Je le regrettai, il était d'une figure charmante, plein de grâces et de gentillesse. Je lus la lettre du séminariste; elle ne me consola pas du départ de Florange; et je me promis bien de n'avoir aucun rapport avec lui, le reste du voyage.

Il avait eu, comme je l'ai su depuis, une fort longue explication avec le chevalier: qui l'avait engagé à continuer un état honorable, et qui lui procurerait un sort tranquille, plutôt que de s'attacher à une très-belle fille, il est vrai; mais d'une naissance obscure et de la plus grande coquetterie. Je sais qu'il suivit ses projets relativement à l'état ecclésiastique; je fus long-temps sans en entendre parler depuis.

CHAPITRE V.

Comme il m'était désagréable de me trouver dans le coche avec ceux qui savaient que le chevalier m'avait quittée, je proposai à la nourrice de prendre une voiture de retour, qui nous conduirait à Nogent; que là, nous nous embarquerions dans le coche d'eau; que nous ferions la route au moins aussi vite. Comme elle était la complaisance même, elle accepta ce que je lui proposais. Nous quittâmes sans regret une société qui n'en éprouva pas de notre départ. Nous suivimes le plan que j'avais fait, et nous arrivâmes à Paris. Je défrayai en entier ma compagne, et je convins que nous irions reporter ensemble son nourrisson, et qu'ensuite elle m'amènerait chez madame la comtesse de Saint-Evremont et que je lui marquerais ma reconnaissance, à condition qu'elle ne parlerait en rien de nos aventures. Elle me le promit et tint parole.

Me voilà donc dans cette ville, dont j'avais entendu parler si diversement, et que j'avais tant d'envie de connaître; dans cette ville, où j'allais briller d'un grand éclat, pendant quelques années, pour ensuite n'y laisser qu'un souvenir si vague, que ma présence même ne pouvait le rappeler. Est-ce qu'il n'y aurait de solide que la vertu, d'éternel que la vérité? Je serais bien tentée de le croire.

Nous étions entrées dans Paris par le faubourg St.-Antoine, qui avait été rebâti après que Henri IV, qui l'avait fait brûler, lors du siège de cette ville, fut tranquille possesseur de la couronne. Il me parut beau et plus beau que toutes les villes que j'avais vues sur notre chemin ; ce qui me donnait une haute idée d'une cité dont les faubourgs étaient si magnifiques. Je ne connaissais pas le faubourg St.-Marceau (1). Les parens de l'enfant que la nourrice ramenait à Paris, demeuraient dans la rue Quincampoix. Quand je vis ces halles, au milieu desquelles se trouvait un cimetière, dont la terre entièrement remplie d'ossemens, les rejetait pour faire place à d'autres, dont l'infection avait dû être cause des maladies pestilentielles qui ravagèrent plusieurs fois Paris, et en détruisirent toutes les anciennes familles, je dis, voilà donc Paris, que l'on vante si fort! Que ses rues sont étroites, mal pavées ; l'été, on y étouffe ; l'hiver, on ne doit pas y voir clair. Nous entrâmes

---

(1) Qui détermina Baboue à détruire une ville aussi mal bâtie. C'est dans ce même quartier que l'on trouve les plus beaux monumens de Paris, l'église de Sainte-Geneviève et le Jardin-du-Roi.

dans une petite porte qui conduisait à un passage noir et étroit. Un escalier, où on ne voyait clair qu'au second étage, nous conduisit à l'appartement des parens du petit. Nous sonnons : ils ouvrent : nous entrons dans un appartement bien distribué, encore mieux meublé. Un buffet rempli de la plus belle argenterie (1), des tapisseries d'Aubusson, au lit, des rideaux de damas, de beaux tableaux, des vases de porcelaine de la Chine. Je me crus chez des gens puissamment riches; et comment demeuraient-ils dans un si vilain quartier? Depuis j'ai su que c'étaient de petits bourgeois, ayant quatre à cinq mille livres de rentes, et dont le mari était inspecteur aux halles. C'étaient de bonnes gens qui nous re-

---

(1) Avant ce système, on parait les salles à manger avec l'argenterie ; c'était peut-être une des causes qui faisaient qu'on les transmettait à ses enfans.

çurent à bras ouverts. Il n'y eut pas moyen de les quitter avant le dîner, que l'on servit peu de temps après notre arrivée. Il était bon et abondant. Le petit ne se doutait guère qu'il était chez ses parens. Cependant la propreté de l'appartement, les glaces, les dorures l'amusaient. On en profita pour faire disparaître la nourrice que l'on avait généreusement récompensée, et qui pleura en se séparant du marmot, à qui l'on fit bientôt oublier qu'il avait été nourri de la propre substance de cette femme, et qu'elle l'avait soigné comme une mère tendre; et c'est ainsi que l'on jette dans le cœur des enfans les premières semences d'ingratitude. Mais je m'aperçois que le lecteur s'impatiente, et qu'il veut me voir sortir de la rue Quincampoix. Je ne demande pas mieux. Le père du petit m'offrit de me donner le bras jusques chez madame la comtesse de St.-Évremont, où il avait appris que j'allais. Je l'acceptai. Nous ne savions pas le chemin de la rue où cette dame demeurait. Nous traversâmes la rue St.-Denis, et nous allâmes gagner les remparts. Nous arrivâmes dans la rue Barbette, où demeurait ma marraine, dans un fort bel hôtel. Un suisse, une livrée nombreuse, des voitures dans la cour, tout annonçait une maison opulente. Le patron de la nourrice me salua et nous quitta.

Tous les valets, qui savaient que je devais venir, me regardèrent avec une extrême curiosité, et les femmes de la comtesse encore plus. Ils ne savaient trop comment m'aborder; car ils ignoraient encore ce que la comtesse ferait pour moi, et sur quel pied je serais dans la maison. Cependant, comme une jeune et belle personne a toujours le premier rang dans la société, partout où elle se trouve, je vis que j'en imposais à cette troupe; et qu'elle ne me trouvait, malgré elle, nullement faite pour aller de pair et compagnon avec elle. On me fit entrer dans une petite galerie qui se trouvait entre le salon et la chambre à coucher de la comtesse. Je m'assis. Pour la nourrice, elle n'osait pas. Elle trouvait les fauteuils si beaux qu'elle ne se croyait pas digne de les occuper, quelque chose que je pusse lui dire, et elle était encore debout quand la comtesse entra. Je me levai et courus à elle. Elle me prit dans ses bras et me dit : « Ma chère Marianne, que j'ai de plaisir à vous voir, et, s'adressant à un homme âgé, qui l'accompagnait ; — Convenez, marquis, que nous avons là une jolie filleule. — Elle est d'une rare beauté (1). Quoi! c'est ce petit enfant qu'il y a quinze ans, nous por-

---

(1) Je prie, une fois pour toutes, le lecteur, lorsqu'il voit ces complimens, de me pardonner, si je les

tâmes baptiser ? — Lui-même. Ces quinze ans-là ont fait une grande différence sur nous et sur elle. Elle a gagné ce que nous avons perdu. — Cela ne peut être autrement. — Quelle est cette jeune femme, ma petite ? — J'en instruisis madame de Saint-Evremont, qui sonna une de ses femmes, et dit avec une extrême bonté, ayez soin de la nourrice; elle restera pendant quelques jours à l'hôtel pour se reposer; elle mangera avec vous; et vous lui ferez voir les curiosités de Paris. Vous, ma petite, vous coucherez dans mon cabinet, et vous ne me quitterez pas. Il faudra faire venir un tailleur pour lui faire un corset et des robes. » J'étais pénétrée de reconnaissance de tant de bontés, et je me félicitais d'avoir demandé à madame de Saint-Evremont de m'appeler auprès

---

écris; mais il y a si long-temps qu'on me les faisait, que c'est comme s'ils eussent été adressés à une autre. *Note de l'auteur.*

La comtesse porta la bonté jusqu'à faire fermer sa porte, pour que l'on ne me vît pas que je ne fusse habillée ; mais, le soir, il vint deux ou trois amis qui ne trouvèrent point que j'eusse besoin d'autre toilette que celle avec laquelle j'étais venue de Balheram. De ce nombre était un conseiller au parlement, nommé Desbarreaux, qui était aussi ami de madame de St.-Evremont. Jamais on n'eut une physionomie qui eût plus d'expression. Il pouvait avoir vingt-huit à trente ans ; mais le feu du génie qui brillait dans ses yeux lui donnait l'air jeune de l'immortalité. Il me vit avec un sentiment d'admiration ; car, ne sachant pas qui j'étais, et me trouvant traitée par madame de Saint-Evremont d'égale à égale, il ne se persuadait pas que je n'étais qu'une petite bourgeoise, ayant toujours été élevée à la campagne, de sorte qu'il n'osa paraître épris de mes charmes ; mais cependant je crus bien, dès le premier instant, que je ne lui étais pas indifférente, et, pour moi, je le trouvai bien plus aimable que M. de Florange et mon petit séminariste ; mais je me disais : « C'est un magistrat ; il ne voudrait pas de la petite fille du greffier de la petite ville de Giez. » Ainsi nous nous observions sans presqu'oser nous parler. Deux ou trois jours se passèrent, pendant lesquels Desbarreaux prit des informations sur la filleule de madame de Saint-Evremont, qui rehaussèrent ses espérances. Les miennes étaient très-faibles ; car je croyais encore que l'on ne pouvait accepter les soins d'un homme, qu'autant que l'on pouvait l'épouser, et je pensais bien qu'un conseiller au parlement de Paris n'épouserait pas Marianne Grapin.

Quand ma marraine, qui me comblait de bontés, me vit habillée, elle trouva que ma parure ajoutait encore à ma beauté, et me dit : « Vous allez me tourner toutes les têtes ; mais, ma petite, défendez votre cœur. Vous serez difficile à marier, parce que je veux que vous épousiez un homme de ma société. J'ai pensé pour vous à quelqu'un qui pourrait vous convenir ; mais il n'est pas à Paris dans ce moment. Ce n'est point un jeune homme, mais loin encore de la vieillesse. Il peut avoir de quarante-cinq à cinquante ans, beaucoup d'esprit, d'habitude de la société, où il est fort considéré ; personne ne fait des vers aussi bien que lui (1). — Mais, lui dis-je, madame, vous ne me parlez pas de sa figure. — Ah ! c'est ce qu'il a de moins bien. — Tant pis, madame, de l'esprit, des manières agréables, c'est beaucoup ; mais, si, avec cela,

---

(1) Racine n'existait pas.

on est laid, il faut renoncer à plaire, et, pour épouser quelqu'un, il faut qu'il vous plaise. — Qu'il ne vous déplaise pas ; mais, en général, on doit, dans un mari, considérer la beauté comme le moindre avantage. » Je n'osai dire rien de plus ; madame de Saint-Evremont m'intimidait, quoiqu'elle fût la bonté même : elle avait des manières graves qui commandaient le respect. Je sentais que je tenais tout de ses bontés, et que, si je lui déplaisais, elle pouvait tout aussi bien me renvoyer à Balheram comme elle m'avait fait venir ; d'ailleurs il était possible que cet homme qu'elle ne nommait pas me plût, ou que je lui déplusse ; ainsi ce n'était pas la peine de m'opposer à une chose qui peut-être n'aurait pas lieu. Je la remerciai donc de s'occuper de moi, et l'assurai que je n'aurais jamais d'autre désir que de faire ce qui lui serait agréable.

CHAPITRE VI.

M. Desbarreaux venait très-exactement passer les soirées à l'hôtel, et plus je le voyais, plus il me semblait aimable. La hardiesse de ses opinions me le faisait regarder comme un homme supérieur ; il était presque toujours en querelle avec la comtesse et M. de Villarceau, qui soutenaient que ce ne pouvait être sérieusement qu'il osât nier l'existence de Dieu, et, comme madame de Saint-Evremont ramarquait que j'écoutais M. Desbarreaux avec intérêt, elle me dit que je devais me préserver d'une semblable opinion. « Est-ce donc, dit-elle, à une créature aussi parfaite que vous, qu'il peut convenir de croire qu'elle est l'effet d'un hasard aveugle ? » J'assurai ma protectrice que je pouvais prendre plaisir à entendre M. Desbarreaux soutenir une mauvaise cause avec autant d'esprit, mais que j'étais loin de partager son opinion, et cependant, je suis forcée de l'avouer, le sentiment d'indépendance qui germait dans mon âme me faisait trouver, non pas encore que M. Desbarreaux eût raison, mais peut-être désirer qu'il pût me prouver qu'il n'avait pas tort.

Les inquiétudes que ma mère avait eues, que le fils de ma bienfaitrice fût dangereux pour ma vertu, n'étaient pas fondées. Il se trouva que c'était un enfant ayant au plus dix ans, mais joli, et annonçant tout l'esprit qu'il eut un jour. Il me prit en amitié, et, dix ans plus tard, il me revit avec plaisir : ce fut toujours en frère.

La nourrice, après être restée quinze jours à Paris, retourna en Franche-

Comté. Je l'engageai à passer par Balheram, et pour l'y déterminer, je lui donnai dix écus que je savais lui suffire pour acheter une vache (1). Elle ne voulait pas les recevoir, disant que c'était elle qui m'était redevable. Je l'y forçai. Madame de Saint-Évremont me dit de renvoyer à ma mère tout mon trousseau, qu'elle se chargeait de m'en faire un autre; et, comme mon parrain m'avait donné dix louis, en arrivant, j'achetai à ma sœur une robe de taffetas couleur de rose, faite à la mode, et à ma mère, une belle cornette de points d'angleterre, qui venait de la reine; à mon père, un manchon d'ours noir avec une ceinture écarlate, et cinquante francs à distribuer entre mes frères, suivant leur âge. J'avoue que cet envoi me fit plai-

―――――――――――――――

(1) C'était alors le prix de la plus belle vache, qui coûterait à présent trois cents francs.

sir. J'aimais encore ma famille, parce que j'étais encore digne d'elle. Je n'ai pas besoin de dire la joie que l'on ressentit en recevant une lettre de moi et mes présens. Ma mère m'écrivit aussitôt, et me remercia au nom de toute la parenté et surtout en celui de ma sœur, qui était mariée, et se trouvait heureuse. Ainsi, jusque là mon voyage avait été utile à plusieurs, et n'avait nui à personne. Je réussissais dans le monde, et je m'y plaisais. Je voyais chez madame de Saint-Evremont des hommes jeunes encore, mais qui annonçaient déjà ce qu'ils devaient être ; d'autres, dont la réputation alors assez brillante, devait être éclipsée par des génies supérieurs, qui semblèrent appartenir exclusivement au siècle dont la gloire alla croissant avec celle de Louis XIV. Mais alors Louis XIII régnait : c'était un prince d'une humeur sombre, qui cependant aimait les arts et les attira à sa cour, où ils trouvèrent dans le cardinal (1) un zélé protecteur.

Cet homme, d'un génie vaste, ambitionnait tous les genres de gloire. Dur, inflexible, il ne se fit point aimer, et s'en embarrassait fort peu, pourvu qu'on le craignît. Madame de Saint-Evremont, qui me menait toujours avec elle, me le fit voir au moment où il entrait chez le roi. Je lui trouvai une physionomie qui annonçait son génie; mais, malgré ce que l'on a pu dire, il me déplut, et je ne crois pas qu'il eût le temps de s'occuper d'intrigues amoureuses, et j'assure que l'on m'a fait plus d'honneur qu'il ne m'appartient, en prétendant que j'eus celui de ses bonnes grâces; et, s'il fut, comme Mazarin, mon persécuteur, je ne crois pas réellement que la

---

(1) Quoiqu'il ne fût encore qu'évêque de Luçon, j'ai cru devoir le désigner sous le nom de cardinal de Richelieu, parce que c'est sous ce titre qu'il est connu.

jalousie, comme on l'a dit, en fût la cause. Comment imaginer qu'un premier ministre, chargé seul, de tout le poids de l'empire, ait mis quelque prix aux faveurs d'une femme qui n'avait d'autre mérite que la beauté. On a voulu sûrement nous calomnier l'un et l'autre; c'est ce que je prouverai plus tard. Peut-être, ce qui donna lieu à cette fable, ce furent les liaisons de M. d'Aubigné, favori du ministre, chez madame de St.-Evremont. Je voyais M. d'Aubigné avec plaisir, jusqu'au temps, où, par une lâche complaisance, il devint l'ennemi de Corneille, parce que, dit-on, ce grand poète n'avait pas voulu faire jouer le Cid sous le nom de son éminence. La persécution que ce refus lui attira et les sarcasmes de d'Aubigné contre le premier de nos tragédiens, me le firent prendre en haine; mais ce ne fut que long-temps après le temps où j'étais chez madame de Saint-Evremont; car Pierre Corneille était aussi jeune que moi, étant né à Rouen, en 1606. On ne pensait pas encore qu'il existât.

Cependant je voyais chez ma bienfaitrice Vaugelas, qui se plaisait à polir mon langage, et Voiture, qui, jeune encore, me donnait des leçons de style épistolaire. Parmi ceux-ci je pourrais encore compter La Chambre, qui fut un des premiers académiciens français, et qui, à cette époque, se faisait distinguer par un jugement sain sur des ouvrages littéraires qui paraissaient. Chapelain avait neuf ans de plus que moi. Je lui plaisais, et il m'a dit bien des fois, qu'il avait pris sur moi le portrait de sa Jeanne-d'Arc, à laquelle il commençait déjà à travailler, et qu'il acheva bien des années après, et trop tôt encore pour sa gloire. On prétend que ce fut lui qui corrigea les premiers vers de Racine; j'ai peine à le croire, et il me semble que cet honneur fut dû à Boileau, qui se vantait d'avoir appris à son contemporain à faire difficilement des vers. Ce n'était pas la manière du seizième siècle. La langue était encore barbare, et dans les poèmes, la rime fait souvent distinguer la poésie de la prose. Cependant je pensais quelquefois au poète dont madame de Saint-Evremont m'avait parlé, presque au moment de mon arrivée, et je l'attendais, je l'avoue, avec impatience. Je voyais marier plusieurs des jeunes personnes de mon âge, et je trouvais que ce serait peut-être le meilleur parti que je pourrais prendre. Quand un jour, en entrant dans le salon, je trouvai ma marraine seule avec une figure assez désagréable, et ayant environ trente-six à quarante ans, un secret pressentiment me fit penser que c'était là le fameux prétendu. Il se leva, et me dit trois à quatre mots très-spirituels, mais avec la prétention de l'être, ce qui a toujours été pour moi un moyen de me déplaire. Cependant, comme je l'ai dit, je me doutais que ce devait être le prétendu, aussi je lui répondis le plus gracieusement qu'il me fut possible. Il était si enchanté de lui-même, qu'il s'aperçut à peine si je partageais son admiration.

Ma marraine me dit, ma chère petite, voilà M. le président d'Aurillac, plus connu sous le nom de Mainard, dans la république des lettres. Une longue absence nous avait privées du plaisir de le voir. Le voilà de retour, et je voudrais qu'il se fixât auprès de nous. — Vous êtes bien faite, dit M. Mainard, pour que l'on désire de passer sa vie près de vous, madame, et votre belle amie est un attrait de plus.— Je compte un peu sur elle pour vous décider.

Je me défendis du mieux que je pus, en disant que c'était à elle seule que de tels hommages étaient dûs. Depuis cet instant ce ne fut que complimens réciproques qui m'affadisaient le cœur et je ne puis dire à quel point M. Mainard et ses jolis vers m'étaient insupportables.

M. Desbarreaux vit bien que je ne pourrais m'accommoder du grave président et devint plus empressé auprès de moi; ce qui déplaisait fort à celui-ci. Vous m'assuriez, madame, disait-il à la comtesse, que la belle Marianne était sensible à l'amour qu'elle m'inspire, et cependant je la vois sans cesse occupée de Desbarreaux, homme dont les opinions sont licencieuses, et perdront cette belle et aimable personne. Madame Saint-Evremont me fit part des plaintes du président; mais elles me touchèrent peu. Mon amour pour Desbarreaux avait pris trop de force, pour me laisser attendrir par son rival. Nous fûmes plusieurs mois sans que rien se décidât. Mon père m'écrivait qu'on lui disait que j'était coquette, que je ne pensais qu'à ma toilette; que ce n'était pas là ce qu'on lui avait promis. Je ne sais d'où le cher homme avait eu ces beaux renseignemens; mais ses remontrances me firent aussi peu d'impression que les plaintes de mon futur.

Desbarreaux ne cessait de me presser de prendre un parti. — Ou épousez-le pour avoir un état, ou acceptez un appartement chez un de mes amis, où vous serez dame et maîtresse — Mais avec quoi vivrai-je? — Je vous aime, ma charmante amie, vous m'aimez, qu'avez-vous besoin de vous inquiéter; ne feriez-vous pas pour moi ce que je serai si heureux de faire pour vous? Affranchissez-vous d'un joug qui vous deviendra insupportable. Villarceau et votre marraine se sont mis en tête de vous faire présidente; vous le serez malgré vous, si vous restez ici. soyez-le de bonne volonté, et faites alors ce que font tant d'autres. — J'avoue que cette morale me parut insupportable. Quoi! par un vil intérêt, je me donnerais à un homme, pour qui je n'ai nul amour, pas même de l'amitié. Ah! je n'ai pas besoin de me soumettre publiquement au joug, pour le briser en secret. Je vis bien quelle était l'intention de mon ami, et je la trouvai sans délicatesse, est-ce que l'oubli de toute doctrine religieuse conduirait au mépris de tout principe d'honneur? Or, il vaudrait mieux être simple et vertueuse comme ma mère et remplir ses devoirs, que d'être citée par l'esprit, le savoir, et mener une conduite méprisable. Non, je n'épouserai pas M. Mainard.

Pendant que je faisais ces réflexions

4.

salutaires, Satan, qui voulait de moi, amena chez ma marraine un jeune homme, qui était le secrétaire littéraire du cardinal, nommé Desmaretz; il avait dix ans de plus que moi, était d'une figure charmante ; il était riche, et promettait de m'épouser. Celui-là me plaisait, quoique je l'aimasse moins que Desbarreaux, et je sentais que je le rendrais heureux. Je me persuadai alors que ce que j'avais de mieux à faire, était, avant d'écouter les propositions de M. Desmaretz, de rompre entièrement avec son rival. Je me décidai à déclarer à madame de Saint-Evremont qu'en vain j'avais fait tous mes efforts pour me conformer à ses intentions, il m'était impossible de m'accoutumer à M. Mainard; que ses vers étaient très-beaux, mais que son caractère chagrin ne pouvait s'accorder avec le mien, et que je la suppliais de lui dire que je ne voulais pas me marier. Madame de Saint-Evremont trouva que j'étais bien décidée pour mon âge; qu'il lui paraissait que, dans ma position, n'ayant rien, je devais me trouver très-heureuse d'épouser un homme bien né, ayant un état honorable; qu'elle me signifiait à regret qu'il fallait le prendre pour époux, ou retourner à Balheram. — Mon choix est fait; madame, j'aime mille fois mieux retourner auprès de mes parens, que d'épouser un homme que je n'aime point. J'ai quitté la Franche-comté pour ne pas me soumettre au joug du mariage avec un homme qui me déplaisait; la même raison me fera partir de Paris, où je ne regretterai que vous, madame, et mon parrain. Elle parut décidée à ne point fléchir.

Moi, qui me croyais assurée de l'amour de Desmaretz, je n'insistai pas davantage, et le soir je dis à Desbarreaux, je pars pour Balheram; madame de Saint-Evremont me l'a signifié, ou qu'il fallait que j'épousasse M. Mainard. Desbarreaux me dit que mon refus était la chose la plus ridicule ; qu'à ma place il épouserait plutôt le diable, s'il y en a, que de m'en aller au fond de la Comté. — Eh! bien, lui dis-je, puisque vous voulez que je me marie, épousez-moi. — Je vous aime trop pour cela ; et alors il se mit à me répéter ce qu'il m'avait déjà dit plusieurs fois, et qui ne me persuadait pas plus qu'avant. Je me garde de transcrire ici ses beaux raisonnemens, car ils pourraient bien persuader quelqu'autre. Eh bien, lui dis-je, je n'épouserai point M. Mainard, je ne partirai point pour Balheram ; car je me marierai à un beau jeune homme qui m'adore, que j'aime moins que vous, mais qui me plaît assez, pour que je l'épouse avec plaisir. — Et vous le nommez ? — Desmaretz. Et il se mit à rire aux éclats. Qu'estdonc que ce que je vous dis a de plaisant ? — Oh! ne m'empêchez pas de rire, j'en étoufferais. Vous croyez que Desmaretz, qui a tout au plus vingt-cinq à vingt-six ans, riche, dans la faveur du cardinal, dont il fait les vers, vous épousera ? et que diraient tant de jolies femmes à qui il en a promis autant, et qui en sont toujours demeurées aux accords? Ce n'est pas que vous ne soyez plus belle que toutes celles qu'il a aimées, mais la liberté pour Desmaretz, comme pour moi, lui paraît briller de tant de charmes qu'elle éclipse dans son cœur et dans le mien ceux de toute femme, quand il est question de mariage avec elle. — Je trouvai ces propos ceux d'un amant jaloux, et je lui dis que ce n'étaient pas ses affaires; que, puisqu'il ne voulait pas se marier, il devait trouver tout simple que je me mariasse à un autre. Il m'assurait qu'il ne s'y opposait pas, mais qu'il pariait avec moi, une douce nuit contre cent louis, que Desmaretz ne se marierait pas. J'acceptai le pari, bien sûre que je gagnerais; et il me quitta en disant qu'il me donnait trois mois pour mettre à fin cette aventure.

Je n'avais pas envie de rester ce temps-là chez la comtesse, qui avait blessé mon amour-propre, en mettant à mon séjour chez elle une condition dont toute autre que moi aurait été choquée.

M. Mainard vint le soir comme il avait coutume. Je vis que madame de Saint-Evremont ne lui avait pas parlé. Alors je l'emmenai dans un petit cabinet, qui rendait dans le salon, et dont la porte en glace resta ouverte, et, l'ayant prié de s'asseoir, je lui appris, avec toute la politesse et les égards possibles, que je renonçais à l'honneur de son alliance, non que je pusse jamais espérer de faire un aussi bon mariage, mais parce que j'étais persuadée que je ne le rendrais pas heureux. « Madame la comtesse sait-elle cette décision ? — Oui, monsieur, je l'avais suppliée de vous en instruire, mais, voyant qu'elle ne l'avait pas voulu, j'ai pensé que je ne pouvais rien faire de mieux que de vous le dire franchement moi-même. — Quoi ! il est possible que vous me chassiez de votre cœur ! — Mon Dieu ! non, monsieur, car vous n'y avez jamais été. — Cette mauvaise plaisanterie, mademoiselle, met le comble à l'outrage ; je vais faire une élégie où je vous peindrai sous les couleurs les plus noires. — Cela m'est bien égal : avant qu'elle soit imprimée, je serai à Balheram. — Quoi ! vous partez ? — Il le faut bien, puisque ma marraine ne veut pas que je reste, si je ne vous épouse pas. — Et c'est moi qui en suis cause. Ah ! suis-je assez malheureux ? Mais je vais prier madame de

Saint-Evremont. — C'est inutile, mon parti est pris, et je quitte sans regret un pays où il faut, pour y rester, épouser un homme que l'on estime, mais que l'on ne saurait aimer. — Ainsi donc vous partez ! — D'ici à huit ou dix jours. — Non, je ne puis y consentir; vous perdre pour toujours, c'est impossible. »

M. Mainard alla sur-le-champ trouver la comtesse, et la supplia de me garder. Il ajoutait que son malheur serait bien plus grand, s'il était privé de ma présence. Madame de Saint-Evremont, sans lui répondre, l'emmena à son tour dans le cabinet que je venais de quitter ; mais elle en ferma la porte avec soin ; cependant j'aurais été fort curieuse de savoir ce que la comtesse lui disait. La conversation fut fort longue. Comme j'étais restée dans le salon, en pensant à Desmaretz, il arriva et parut au comble du bonheur de me rencontrer seule. Il me parla de son amour dans les termes les plus tendres, me jura qu'il ne prisait la fortune dont le cardinal le comblait que par l'espoir de la partager avec moi. Il me pressa de lui permettre de me demander à la comtesse. Je lui dis que j'y consentais d'autant plus volontiers, que ce serait la seule manière de me faire rester à Paris ; je lui racontai tout ce qui s'était passé depuis deux jours qu'il n'était pas venu. Il me dit que, dès le lendemain matin, il viendrait me demander à ma marraine, et, détachant un fort bel anneau de diamans, qu'il avait au doigt, il me pria de l'accepter pour gage de sa foi. Je ne le voulais pas ; mais il me dit : « Quoi ! vous refuseriez l'anneau conjugal.—Si c'est ainsi, lui dis-je, je l'accepte avec la plus sincère reconnaissance. » Je le mis à mon doigt ; mais, il était beaucoup trop large pour moi. Desmaretz était grand, sa main proportionnée à sa taille, et la mienne très-petite. Je lui dis donc: « Je ne pourrai pas le porter, qu'il ne soit rétréci; mais je le serrai dans ma bonbonnière, en attendant. » On annonça Vaugelas et la comtesse de la Ferté. Desmaretz me quitta avant que madame de Saint-Evremont fût rentrée, ce qui me fit plaisir. J'aurais été embarrassée, si elle m'eût trouvée tête à tête avec lui. Elle sortit de son cabinet, peu de temps après, avec M. Mainard, qui avait l'air profondément triste. Il me salua en passant, sans me dire un seul mot. Ma marraine, profitant d'un moment où nous étions seules, vint s'asseoir sur un canapé, où j'étais. Elle me regarda avec bonté, et me dit: « Mon enfant, j'ai fait une expérience, qui me prouve qu'on ne doit jamais se charger d'une jeune personne qui ne vous est rien. Heureusement qu'il n'y a pas encore de mal réel ; mais votre excessive coquetterie pourrait vous entraîner plus loin que vous ne voudriez. Je me sépare de vous avec regret ; mais vous serez beaucoup mieux à Balheram qu'ici. Je suis convenue avec votre parrain de vous rendre la somme que vous avez laissée si généreusement à votre sœur, et j'écris à votre père que j'en doublerais le montant, si vous vous mariez. Je vous donnerai Dorothée (c'était une des femmes de la comtesse), qui fera le voyage avec vous ; j'écrirai une lettre raisonnée à votre mère, qui ne vous attirera pas de blâme de la part de vos parens , mais qui excusera auprès d'eux mon changement de résolution. Enfin, dans tous les temps, je ferai pour vous et votre famille ce qu'il dépendra de moi » Je ne répondis qu'en prenant sa main , que je baisai respectueusement : Je vous regrette , je vous assure ; mais cela ne peut être autrement, car je serais sûrement responsable de votre perte. » Je l'assurai qu'elle se trompait, et qu'avant peu, elle me rendrait justice. — J'en suis persuadée ; mais je ne puis en courir les risques. » Nous n'en dîmes pas davantage. Madame de la Rochefoucault et M. de Bassompierre entrèrent, et le cercle fut bientôt assez considérable pour que je pusse me retirer dans un coin du salon, où Desbarreaux vint me trouver. « Le pari tient-il toujours, lui dis-je ? — Oui, sûrement, plus que jamais. — Eh bien ! vous avez perdu. Il vient demain matin, chez madame de Saint-Evremont, demander ma main, et, comme je voyais que Desbarreaux n'en était pas persuadé, je lui dis : « Connaissez-vous cette bague ? — Oui, c'est l'anneau que mademoiselle Duménil a donné à Desmaretz pour gage d'un amour éternel. — Qu'importe ! il était bien à lui, il me l'a donné. C'est, m'a-t-il dit, mon anneau de mariage. — Oh! c'est différent, je perdrai mon pari »; et je voyais sur sa physionomie une légère expression d'ironie, qui ne me plaisait pas ; mais que faire ? Il continua à me parler comme à l'ordinaire, me protestant que, s'il y avait quelqu'un avec qui il aurait désiré d'être marié, c'eût été avec moi, mais qu'il était trop vieux : il venait d'avoir ving-sept ans. « A quel âge est-on jeune, lui dis-je, si on ne l'est pas au vôtre ; mais vous n'aimez qu'à dire des choses que vous ne pensez pas, et, pour peu que vous avanciez une opinion bizarre, voilà tout ce que vous voulez; mais enfin cela m'est bien égal, car je renonce à vous de très-bon cœur, et vous ne serez plus que mon ami, comme vous l'êtes de Desmaretz. — C'est encore ce que je ne puis vous accorder ; et, si je m'embarrasse assez peu qui vous épouserez, je n'en veux pas moins avoir la première place dans votre cœur. — Est-il possible que vous ayez cette espérance, et moi, je veux aimer mon époux de toute mon ame. — Tant qu'il vous plaira. — Il me plaira toujours. — Il sera donc d'une espèce bien rare.

Madame de Saint-Evremont, qui daignait prendre encore beaucoup d'intérêt à moi, n'aimait pas à me voir causer si longuement avec un homme, dont les principes lui étaient connus; et qu'elle n'aurait pas reçu chez elle, si elle ne lui avait pas dû de la reconnaissance pour les soins qu'il s'était donnés pour elle dans une affaire qu'elle avait gagnée au parlement, et dont M. Desbarreaux était rapporteur. Elle craignit qu'au moment de quitter Paris, il ne jetât dans mon ame des semences de perversité qui germeraient peut-être même dans mon village. Elle m'appela, me fit prendre son jeu à une partie d'Ombre, ce qui m'amusait médiocrement, M. Mainard ne parut point à souper, ce qui étonna, car on était habitué à le voir me faire sa cour, et on le regardait comme devant être mon époux. On me plaisanta sur son absence. J'y répondis très-gaîment, ce qui déplut à ma marraine. Elle ne concevait pas comment je pouvais avoir l'air si heureux, en renonçant à la situation aisée qu'elle m'aurait assurée, et à sa société. Elle me trouva ingrate ; mais elle avait tort, puisque je me faisais un grand plaisir de rester à portée d'elle, quand je serais mariée avec Desmaretz, et je me disais : « Elle me juge mal dans ce moment-ci ; elle changera d'avis, quand mon ami lui apprendra ses honorables intentions.

CHAPITRE VII.

Je passai une nuit très-agitée, je pensais à Desmaretz, je le trouvais fort aimable. La faveur dont il jouissait auprès du cardinal, et sa fortune en faisaient un parti très-avantageux pour moi; mais j'étais fâchée que Desbarreaux n'eût pas pu se ployer au joug du mariage; car, dans le fond du cœur, je l'aimais mieux que son ami, et je l'aurais préféré à lui, quoique moins riche; mais je n'avais pas le choix. Je me levai néanmoins de fort bonne heure. Il me semblait que c'était un moyen d'avancer la démarche que Desmaretz m'avait promis de faire auprès de la comtesse. J'étais descendue dans le jardin de l'hôtel, et je m'y livrais à toutes mes rêveries, lorsque j'en fus tirée par les pas d'un cheval, qui entrait dans la cour : elle n'était séparée du jardin que par une grille, de sorte que je vis Desmaretz descendre d'un très-beau cheval andaloux, dont Son Eminence lui avait fait présent, ou qu'il avait troqué contre un sonnet en l'honneur de madame la maréchale d'Effiat, mère du malheureux Cinq-Mars, qui, peu d'années après, mourut, étant encore plein de vie, de santé et de gloire, soit de guerre, soit d'amour. Cette maréchale m'a fait assez de mal, pour que je confirme les bruits qui passèrent sur son compte, touchant ses liaisons avec le cardinal, quoiqu'au fond du cœur, je n'en croie rien; mais comme me voilà loin de mon sujet; de quoi était-il question ? Je m'en souviens maintenant, du cheval donné à Desmaretz par Son Eminence, et d'où je le vis descendre. J'eus peine à contenir ma joie, en lui trouvant tant d'exactitude à tenir la parole qu'il m'avait donnée.

Il entre dans le vestibule, et monte l'escalier qui menait à l'appartement de madame de Saint-Evremont. Je crus que je devais remonter et me tenir dans le salon, afin de pouvoir apprendre sur-le-champ ce qui m'intéressait aussi vivement. Il fut peu de temps avec la comtesse, et, en sortant de chez elle, je fus bien désespérée, quand il me dit, les larmes aux yeux : « Ma chère Marianne, nous sommes perdus, si vous ne m'écoutez pas ; je serai chez Dorothée à minuit », et il sortit. Je restai confondue. Que signifiaient ces paroles ? Madame de Saint-Evremont s'opposerait-elle à mon mariage ? Mais qu'importe ! je ne dépens pas d'elle, je partirai, il viendra me joindre à Balheram, mon père et ma mère seront charmés de ses manières, de son existence et surtout de sa fortune : ils ne balanceront pas à me donner à lui, et, quand nous serons mariés, nous reviendrons à Paris. Je suis fort aise qu'il me donne le moyen de causer en liberté avec lui, mais comment a-t-il trouvé celui de mettre Dorothée dans ses intérêts : voilà ce que je saurai cette nuit. Je remontai dans ma chambre, et je ne parus qu'à l'heure du dîner.

Madame de Saint-Evremont ne me parla pas de la visite de M. Desmaretz, ce qui me parut tout simple, d'après ce que celui-ci m'avait dit. Elle fut toujours bonne, caressante avec moi. Je n'avais pas vu M. de Villarceau, depuis ma rupture avec Mainard. Il vint dîner ce jour-là chez ma marraine; il me sermona long-temps sur mon humeur indépendante. « Madame de Saint-Evremont, lui dis-je, ne me devait rien. Elle a eu la bonté de m'approcher d'elle, de me traiter comme sa propre fille ; j'en conserverai toute ma vie une grande reconnaissance. A présent, sans que je puisse en deviner la cause, elle me renvoie. Je n'en murmure point : cependant, monsieur le marquis, quand je serai arrivée à Balherãm, je vous demanderai la permission de vous écrire. Alors, je vous ferai part d'une chose que je dois taire, et qui suffira peut-être pour me justifier à vos yeux. — Dites-la tout de suite, reprit madame de Saint Evremont, avec beaucoup de vivacité, dites.... Vous cherchez à me brouiller avec M. de Villarceau; ce n'est pas assez d'être coquette, il faut encore que vous soyez méchante. — Epargnez-moi, madame, des épithètes offensantes, je suis assez malheureuse de vous avoir déplu, puisqu'il faut que je me sépare de vous et de mon respectable parrain. En disant cela, je saisis sa main que je baisais avec la plus vive tendresse. Des larmes mouillaient mes paupières; il n'y a aucun âge où la beauté ne fasse impression sur un homme, surtout si elle paraît malheureuse. Le bon marquis me prit dans ses bras, me serra contre son cœur : pauvre petite, tenez, comtesse, je suis fâché qu'elle parte. N'y a-t-il donc aucun moyen d'arranger tout cela ? — Non, monsieur le marquis, il faut que je parte, cela est nécessaire et à ma justification et à mon bonheur. — Je ne vous comprends pas. — Ma première lettre, mon cher parrain, vous en convaincra. Madame de Saint-Evremont dit au marquis, je ne vous conçois pas; c'est vous qui avez voulu..., et à présent vous en êtes fâché. Prenez-la chez vous, madame de Villarceau en sera enchantée. — Non, madame, je ne veux aller chez personne ; je pars ; et si je reviens jamais à Paris, ce sera avec un époux digne de mon choix et de vos bontés.

— Il est certain, reprit avec aigreur la comtesse, que l'on trouve des maris tant qu'on en veut.—Elle est assez belle pour cela, interrompit le marquis.— Oui, dites-le lui sans cesse ; c'est vous qui l'avez perdue ; vous en serez responsable devant Dieu.

J'ai toujours pensé que la grande colère de la comtesse contre ma coquetterie, avait son principe dans la jalousie que je lui inspirais. Le marquis ne pouvait plus lui dire, vous êtes jeune et belle ; il lui était désagréable qu'il me le dit sans cesse, et qu'au fait elle n'était pas fâchée que je quittasse Paris. Ses vœux ne furent point remplis, comme on va le voir.

Quand on eut fini les parties, on laissa à madame de Saint-Evremont la liberté de se retirer. J'en profitai pour m'enfermer dans la chambre où je pensais bien que Dorothée me viendrait trouver ; en effet cette fille ne tarda pas. Elle vint et me conta que Desmaretz l'avait assurée qu'il m'adorait et qu'il voulait me faire le plus bel établissement ; que madame de Saint-Evremont s'y étant opposée, il avait un parti à me proposer, qui sûrement me conviendrait ; et que c'était pour en conférer avec moi, qu'il m'avait demandé un rendez-vous. Il est dans ma chambre, et il vous attend. Je sortis avec Dorothée. En entrant dans sa chambre, je vis Desmaretz qui se jeta à mes genoux, et me témoigna une si vive tendresse, que je crus un moment que je la partageais. — Il me dit que, ne pouvant m'obtenir de ma marraine, il ne voulait devoir son bonheur qu'à moi seule. Il m'expliqua ce qu'il fallait faire, pour lui prouver mon amour. J'y trouvais de grandes difficultés ; mais il m'étourdissait par tout ce qu'il me disait tant en vers qu'en prose, par mille innocentes caresses, qui troublaient mon imagination. Il me fit voir l'écrin qu'il m'avait acheté, et qui me parut magnifique, et donna aussi ordre à Dorothée de m'acheter des robes d'étoffes d'or et d'argent, les plus belles dentelles, le plus beau linge, et il donna devant moi un sac de 500 louis. Je l'assurai que c'était beaucoup trop. — Rien de trop beau pour parer l'autel où l'on sacrifie. Enfin la nuit entière se passa à prendre tous nos arrangemens. Rien n'était oublié. Dorothée, qui restait à mon service, avait, outre ses gages, une pension viagère de trois cents francs. Enfin, jamais époux ne fut plus magnifique. Il voulut que je gardasse l'écrin. J'y consentis; je le regardais comme mon mari, et je me faisais une grande joie de faire payer le pari de Desbarreaux et de venir rendre une visite à ma marraine, avec mes beaux habits, mes diamans et mes dentelles. Il m'avait dit qu'il faisait habiller ses gens à neuf, et qu'il m'avait acheté un beau carrosse et deux magnifiques chevaux. Tout cela me tourna tellement la tête, que je ne fis aucune observation. Nous ne devions pas nous voir d'ici au jour où je devais repartir avec Dorothée, par le fameux coche de Besançon, pour retourner à Balheram. Huit jours sans le voir, me paraissaient bien longs; mais c'était indispensable, pour que l'on n'eût aucune défiance. Je rentrai dans ma chambre. Je me mis toute habillée sur mon lit; mais l'enivrement où m'avait jetée tout ce que mon aimable ami m'avait dit, ne me permit pas de dormir.

Le matin, madame de Saint-Evremont, qui avait encore sur le cœur les complimens et les caresses que son vieil ami m'avait faits, me fit dire de passer dans sa chambre: et me parla ainsi : « J'ai réfléchi, Marianne, que la saison s'avance, et qu'il vaut mieux que vous partiez quelques jours plus tôt. J'ai dit à mon valet-de-chambre de retenir vos places pour mardi. » Je me souvins aussi que c'était un mardi que mon père avait voulu que je me misse en route. Allons, dis-je, ce jour est consacré pour moi aux voyages; mais heureusement celui-là ne sera pas long. Elle ne savait pas, ma chère marraine, tout le plaisir qu'elle me faisait en hâtant ce bienheureux départ. Je chargeai Dorothée d'en prévenir M. Desmarétz, et elle me remit le billet le plus passionné, où il exprimait sa félicité de voir avancer son bonheur de quelques jours. Desbarreaux vint le soir, et j'évitai de lui parler. Je craignais de me trahir. Je ne savais pas s'il était du secret. Il me dit seulement : Eh! bien, le pari? — Il est perdu. — Oui, pour vous. — Non, cher Desbarreaux, pour vous-même; mais taisons-nous, on pourrait nous écouter. Je vous dis seulement que M. Desmaretz vous attend jeudi à souper, rue des Tournelles. — Je m'y rendrai, et nous n'en dîmes pas davantage.

CHAPITRE VIII.

Plusieurs jours se passèrent, et aucun ne finit sans que je reçusse un billet charmant de mon futur et un bijoux, et quand j'hésitais pour l'accepter, Dorothée me disait, c'est un usage reçu; vous êtes accordée à M. Desmaretz, et tant que les accords durent, le futur envoie à sa future, chaque jour, un présent; et je me laissais aisément persuader. Tout ce qu'il m'envoyait, était du meilleur goût, et de sa part, je le trouvais sans prix. Madame de Saint-Evremont était séche et froide avec moi; mais je me disais, elle changera quand je serai madame Desmaretz. M. de Villarceau me témoignait des regrets et me disait : pourquoi n'avez-vous pas épousé Mainard, nous ne vous aurions pas perdue ? — J'aurais été malheureuse ; mais j'espère bien que nous ne serons pas long-temps séparés, et que vous honorerez de vos bontés l'époux de mon choix : et il me l'assurait.

Enfin, le mardi si attendu par moi, qui devait, à mes idées, me conduire à la suprême félicité, je me levai avant qu'il parût. Dorothée était aussi alerte que moi. Je descendis chez madame de Saint-Evremont, qui avait donné l'ordre que je ne partisse pas sans la voir. Elle me reçut avec plus d'amitié qu'elle no m'en avait témoigné depuis quelques jours, me répéta qu'elle était fâchée de me voir partir ; mais qu'il fallait que je lui écrivisse, et qu'elle ferait toujours pour moi tout ce qui serait possible. Elle me remit, dans une fort belle bourse de son ouvrage, la somme en or qu'elle m'avait promise, et la lettre pour mon père. Je serrai l'un et l'autre, et je pris congé de ma bienfaitrice avec plus d'émotion que je ne l'avais pensé. Je me rappelais sa bonté, sa générosité, dont je recevais de si nobles témoignages. Elle m'avait formé, et je ne pouvais me dissimuler qu'il n'y avait aucun doute que je lui devais les grâces, le ton du grand monde, dont je n'avais pas d'idée avant d'être venue chez elle. Il y avait aussi une voix intérieure, que je n'avais pas encore étouffée, qui me disait : « Que vas-tu faire ? Tu quittes un guide éclairé, pour te livrer à un jeune étourdi. Quand tu l'auras épousé , es-tu sûre qu'il te rendra heureuse. »

Toutes ces pensées se présentèrent en même temps à mon imagination. Elles portèrent tant de trouble dans mon ame , que je fus au moment de me jeter aux genoux de ma respectable marraine , de lui tout avouer , et de la supplier de me sauver de moi-même ; mais celui qui avait résolu de me perdre , cet esprit de malice qui n'a de repos que dans le mal , éloigna de moi cette généreuse résolution , et mes larmes seules apprirent à ma bienfaitrice combien j'étais affligée de m'éloigner d'elle. Elle me retint un moment comme si elle avait eu quelque chose à me recommander ; mais elle s'arrêta, et me dit : « Non, c'est impossible. Adieu ! ma chère Marianne , nous nous reverrons, écrivez-moi dès que vous serez arrivée, et elle fit signe à Dorothée de m'emmener. Je me retournai encore une fois avant de sortir de sa chambre, et, sans Dorothée, qui me dit tout bas : « Vous êtes un enfant, est-ce donc l'instant d'hésiter ? » Je crois que je n'aurais pas été plus loin. Cette fille, voyant que j'étais tremblante, me donna le bras, pour descendre l'escalier.

Le carrosse de madame de Saint-Evremont nous attendait pour nous conduire à la voiture publique. J'y montai avec Dorothée, et je puis dire qu'à l'instant où il passa la porte de l'hôtel, il m'éloigna, pour de longues années, du sentier de la vertu. L'adroite confidente de Desmaretz se moqua de mes touchans adieux, tourna sa maîtresse en ridicule, et me dit que, lorsqu'on allait être unie à un homme aussi aimable et aussi riche que M. Desmaretz, c'était bien la peine de pleurer la société d'une vieille prude, et elle me conta que mon appartement était prêt et meublé avec la dernière élégance, que mon mari m'y mènerait en sortant de l'église, et elle me faisait l'énumération de l'argenterie, des meubles que j'allais avoir. Je l'écoutais avec une sorte d'indifférence, comme si elle m'eût parlé d'un autre.

Enfin nous arrivâmes au coche au moment où il allait partir. Je me plaçai sur la première banquette, Dorothée auprès de moi. Il y avait d'autres personnes que je remarquais à peine. Quand je vis monter immédiatement après après moi un homme enveloppé dans un manteau, la lanterne avec laquelle on éclairait les voyageurs (car il faisait profondément nuit) ne donnait qu'une lueur incertaine sur leur visage, et ne me fit pas d'abord distinguer celui de l'homme au manteau; mais quelles furent ma surprise et ma joie, quand je reconnus Desmaretz. Je fus singulièrement sensible à cette démarche de sa part, qui prouvait combien il tenait à moi. Il me serra tendrement la main, et je répondis avec transport à ce témoignage d'amour (1). Il me fit entendre, par signe, que nous devions garder le silence, mais qu'il était éloquent, et qu'il dût être sûr, pendant les heures où le soleil nous refusait encore sa lumière, combien j'étais sensible à sa tendresse.

Notre pesante voiture nous amena à Charenton, où nous dînâmes. Je demandai une chambre pour moi et ma femme de chambre. Desmaretz vint nous rejoindre, et nous fit servir le dîner le plus délicat : Desmaretz fut aimable et respectueux. Nous étions convenus (car il faut bien vous le dire)

---

(1) A cette époque, nous n'avions pas les mœurs anglaises, et la première faveur qu'un amant sollicitait de sa maîtresse était de daigner répondre, par un doux serrement de main, à sa tendre ardeur.

que je n'irais pas plus loin que Grosbois, qu'il viendrait m'y attendre avec son carrosse, que nous reviendrions à Paris, et qu'il me mènerait de suite à Sainte-Marguerite, où un prêtre nous attendrait, pour nous donner la bénédiction nuptiale. Il n'avait rien changé à ce plan. Seulement, pour passer la journée avec moi, il avait fait retenir une place à la voiture. On vint nous avertir qu'on allait partir, nous nous mîmes en voiture, et il abrégea, par le charme de son esprit, le temps que mirent les maudits chevaux à nous amener à Grosbois, où nous arrivâmes de très-bonne heure. Ce fut là que nous quittâmes ceux qui avaient fait route avec nous, et dont il me serait impossible de faire le portrait ; car je n'en remarquais aucun. Je n'étais occupée que de Desmaretz, du plaisir de me marier, d'être riche et considérée. Nous allâmes à une autre auberge, où étaient le carrosse et les chevaux de Desmaretz. Nous y montâmes aussitôt, et, comme ses chevaux étaient excellens, nous ne tardâmes pas à nous trouver aux portes de Paris. Desmaretz me dit : « Il est impossible qu'à cette heure, nous allions nous marier; le prêtre ne nous attend qu'à minuit. Je croyais que nous arriverions bien plus tard. Venez vous reposer chez moi, je n'y resterai pas, si vous avez quelqu'inquiétude ; je reviendrai vous reprendre, et nous irons à Sainte-Marguerite. »

Je conçus quelques soupçons, je dis que je ne voulais pas aller chez lui. « Eh bien ! nous irons chez un baigneur. » Dorothée me dit que ces maisons-là n'étaient pas sûres, que l'on pourrait me voler, qu'il fallait bien mieux passer ce temps rue des Tournelles, chez M. Desmaretz, qu'elle ne me quitterait pas. Il fallut bien y consentir ; mais j'étais tourmentée intérieurement, et je n'osais le faire paraître. Il fut toutefois décidé que nous irions, rue des Tournelles, chez M. Desmaretz. Je ne connaissais pas sa maison. Elle me frappa par l'élégance dont elle me parut, elle était éclairée comme pour un jour de fête, les meubles étaient riches et du meilleur goût. Nous entrâmes dans le salon, où il y avait cinquante bougies allumées. Des cassolettes, qui brûlaient, répandaient les parfums les plus délicieux ; mais ce qui me surprit fut d'y trouver Desbarreaux, cinq à six jeunes gens, et deux à trois femmes, que je crus être les leurs, mises avec la plus grande recherche et avec un goût infini.

Ils vinrent tous à moi avec les témoignages de joie de me voir, et félicitaient Desmaretz sur son heureux choix. Je ne concevais pas trop ce qu'ils voulaient dire. Desbarreaux s'approche de moi, me dit à l'oreille : ces dames vous croient mariés; ne faites semblant de rien. Peu après notre arrivée on servit un magnifique souper, pendant lequel on exécuta un concert. Les plaisanteries sur la délicieuse nuit que Desmaretz allait passer dans mes bras, me mettaient au supplice. J'étais fort éloignée de me prêter à la joie; et comme je voyais l'heure à laquelle nous devions nous rendre à l'église, qui avançait, monsieur, dis-je tout-bas à Desmaretz, est-ce que nous ne serons pas bientôt libres de nous rendre à l'église? — Ces dames sont des personnes de grande considération, à qui je ne puis dire de s'en aller. Qu'importe? demain matin sera tout aussi bon pour nous marier; je vais faire dire au prêtre qu'il nous attende demain à six heures du matin. — Mais ce n'est pas là ce que vous m'avez promis. — C'est ce fou de Desbarreaux qui a prévenu mes amis et ceux-ci l'ont dit à leurs femmes, et tous se sont empressés pour venir vous féliciter de notre mutuel bonheur, et je ne puis les prier de se retirer, ce serait leur manquer. Tout cela se disait à table ; je ne pouvais facilement m'expliquer. D'ailleurs, je me sentais un très-grand mal de tête. Ma vue me paraissait trouble. Sous prétexte de célébrer mon mariage, on m'avait fait boire des vins différens, et en beaucoup plus grands verres que ceux dans lesquels je buvais toujours. On faisait bien du bruit. La musique, les parfums finirent par me tourner la tête. Je ne pensai plus à rien. Je me laissai entraîner à ma perte sans m'y opposer. Peu-à-peu les joyeux convives et leurs belles disparurent. Je me trouvai seule avec Desmaretz. Il se jeta à mes genoux, et me dit qu'il ne croirait pas à mon amour, si j'avais besoin, pour répondre au sien, qu'un prêtre me le permît; qu'alors il ne pouvait se résoudre à m'épouser, voulant que celle qu'il choisissait pour sa compagne, fût aussi abandonnée que lui à la tendresse. Ses yeux me disaient bien plus. Je voulais attendre au lendemain; je me défendais; mais ma raison m'abandonnait, et il ne m'en resta plus.... O nuit! nuit funeste! tu me perdis sans retour.

CHAPITRE IX.

Quand, à mon réveil, des idées confuses me rappelèrent tout ce qui s'était passé la veille, je me trouvai la plus malheureuse femme du monde. Il était près de onze heures du matin. J'étais seule; mais je n'avais que trop de preuves que je ne l'avais pas toujours été. Mais quoi ! je ne suis point mariée, et Desmaretz n'est point ici. Qu'est devenue la promesse qu'il m'avait faite que nous irions à l'église à six heures du matin. Devait-il me laisser dormir, et Dorothée, qui m'avait promis de ne pas me quitter ; malheureuse que je suis ! que vais-je devenir ? Comment paraître aux yeux de la comtesse ? Comment écrire à mon père, que dira mon excellente mère ? Ah ! fuyons cette maison, retournons chez mes parens. Je ne me marierai point ; mais je leur donnerai mes soins : l'argent que je tiens de la générosité de ma marraine, me suffira pour ne pas leur être à charge. Je veux sortir de mon lit, m'habiller, mais on ne m'a rien laissé des vêtemens que je portais en arrivant. Il faut donc sonner pour qu'on me les rende ; il faut recevoir cette fille perfide qui m'a perdue ; et je sonnai.

Elle vint, m'appela madame, et me demanda respectueusement ce que je voulais — M'habiller ; et elle m'apporta le déshabiller le plus élégant. — Madame veut-elle prendre son chocolat avant de faire sa toilette ? Monsieur est sorti, il a bien recommandé que l'on ne réveillât pas madame. Ce ton respectueux que cette femme affectait me faisait croire qu'elle imaginait que j'étais sortie avec M. Desmaretz avant le jour pour aller à l'église, et qu'ainsi j'étais mariée : je n'osai donc rien dire.

On m'apporta à déjeûner dans une tasse de porcelaine du Japon avec la cuiller de vermeil, ainsi que le plateau. Je mangeai ; car, malgré mes douloureuses réflexions, j'avais faim. Dorothée me coiffa, et mit dans mes cheveux, à mon col et à mes oreilles les diamans de mon écrin. Je trouvai sur ma toilette un anneau semblable à celui que mon ami m'avait donné, mais un peu plus à mon doigt ; je crois bien que c'était le même. On avait gravé en dedans ces mots : Je suis venu, j'ai vaincu; le 25 septembre 1625. Je ne voulais pas le mettre à mon doigt; mais Dorothée me dit, madame, vous oubliez votre anneau. Elle me présenta une robe de satin blanc avec, au bas, une large broderie d'or, le manteau de velour verd brodé de même, une écharpe de satin ponceau, à franges d'or, un collet de dentelles. La reine eût pu porter cet habit, tant il était magnifique. Au moins, disais-je, si cette parure était destinée à aller au pied des autels, pour jurer à mon vainqueur, puisqu'il se nomme ainsi, que je l'aimerai jusqu'à mon dernier soupir ; et lui, qu'il me sera à jamais fidèle. J'en sentirais tout le prix; mais puis-je m'en flatter! et je me mis à pleurer.

En vérité, me dit Dorothée, je ne

vous comprends pas, madame, que pouvez-vous désirer de plus ? Vous voilà mise comme madame de Saint-Evremont ne l'a jamais été. M. Desmaretz vous adore ; il ne vous laissera jamais manquer de rien, et, comme ses discours redoublaient mes larmes, car je n'entendais que trop ce que cette fille voulait me faire comprendre; elle me dit: « Si vous croyez, madame, captiver ainsi celui qui vous aime, ni lui, ni tout autre, vous vous trompez fort. L'amour, dit un certain auteur, est un enfant charmant, tant qu'il rit, insupportable quand il pleure. Essuyez vos yeux, qui sont trop beaux pour être ternis par les larmes. Monsieur va venir; qu'il ne voie pas ces traces de chagrin, car je vous assure qu'il cesserait de vous aimer. » Je ne répondais pas. Ces propos me paraissaient extraordinaires dans la bouche d'une femme de chambre. J'ai su depuis que c'était une fille assez bien née, qui, séduite par Desmaretz, avait été quelque temps sa maîtresse ; qu'ayant eu la petite vérole, elle perdit sa beauté et son amant ; mais que celui-ci, lui connaissant le génie de l'intrigue, et, ayant formé le projet, dès qu'il me vit chez madame de Saint-Evremont, de m'enlever à la comtesse, pensa que Dorothée pourrait le servir. Il demanda à Voiture, avec qui il était fort lié de proposer cette fille à madame de Saint-Evremont. « Elle est devenue laide, disait-il au poëte ; je n'ai plus d'amour pour elle, mais je ne veux pas l'abandonner. Faites-moi le plaisir, mon cher, de la placer chez votre respectable amie. Venant de vous, elle n'aura aucun soupçon que j'aie eu des liaisons avec Dorothée, et d'ailleurs, pour mettre, mon cher, votre conscience en sûreté, je vous assure que j'ai entièrement rompu avec elle ; que je serais incapable de vous compromettre et de manquer à la comtesse. Voiture le crut, et il obtint facilement la place de femme de chambre de madame de St.-Evremont pour sa protégée, comme je l'ai dit plus haut.

C'est ainsi que cet homme, que je croyais sincère, avait tramé ma ruine. J'ai su de Dorothée tout ce détail ; je ne l'en gardai pas moins à mon service : je la méprisais ; mais elle était adroite, fidèle, intelligente, discrète, et d'ailleurs, avais-je le droit de vouloir que ceux qui me servaient fussent vertueux ? C'est là ce qui rend le vice contagieux ; c'est que, même en inspirant une sorte d'horreur, quand on en a embrassé la route, on n'a plus la force d'éloigner de soi ceux qui nous ont précédés ou suivis.

Quand Dorothée eut fini ma toilette, elle m'engagea à repasser dans le salon. « Il faut rarement, me dit-elle, permettre aux hommes l'entrée de votre chambre à coucher. L'usage des dames anglaises me paraît, à cet égard, fort bon. Ce doit être un sanctuaire sacré, où le mystère, dans l'ombre de la nuit, conduit l'amour », et elle m'engagea à passer dans une petite galerie, qui était des plus agréables. Hélas! je me laissais conduire par elle. Je n'avais plus d'amie, plus de mère, plus de guide; j'avais tout perdu, et je n'avais plus la force de prendre les moyens de les retrouver.

Peu d'instans après que je m'étais assise dans cette pièce, et que je me regardais machinalement dans un grand miroir de Venise (1), qui se trouvait en face de la porte; je la vis s'ouvrir,

---

(1) Les premières glaces furent faites dans cette ville : elles avaient une faible proportion, et étaient en bizeau. On en voit encore dans les auberges : c'était alors une grande magnificence.

Desmaretz entra et s'arrêta avec un mouvement d'admiration. La parure ajoutait infiniment à ma beauté : il en fut frappé, et, comme s'il eût craint mes reproches, tant je lui en imposais par la dignité de mon maintien, que la magnificence de mes habits relevait encore. Il lui semblait nécessaire que je lui permisse d'approcher, ce que je n'avais nulle envie de faire. Enfin, las de s'en tenir à l'admiration, il avança, et, me prenant dans ses bras (la veille, il se serait mis à mes genoux). « Chère Marianne, me dit-il, ne verrai-je dans des yeux si beaux que du courroux; et, quand vous avez comblé les vœux de l'amant le plus tendre, doit-il croire que ce n'est qu'au hasard des circonstances, qu'il doit son bonheur? » Je me dégageai de ses douces étreintes, et j'allai m'asseoir à l'autre bout de la galerie, et alors je me plaignis de son manque de foi. Il m'assura (ce qui était faux) qu'il avait eu intention de tenir ce qu'il m'avait promis ; mais qu'il avait été entraîné par la vivacité de son amour, que je ne devais accuser que mes charmes de ce que j'appelais mon malheur, qui, j'espère, ajouta-t-il, changera de nom, quand j'aurai eu le temps d'apprécier toute l'ardeur dont il était embrâsé pour moi. Je lui dis que, pour me le prouver, il fallait qu'il m'épousât. Il me pria de l'entendre, je ne le voulais pas ; mais il m'y contraignit, car je ne pouvais le fuir. Il avait fermé en dedans la porte de la galerie, et il me tenait une main qu'il avait posée sur son cœur. Il était beau, plein d'esprit, j'étais environnée de toutes les séductions du luxe. Il me parla avec l'éloquence qu'il avait reçue de la nature.

« Que voulez-vous, chère Marianne ? A quoi servira un mariage qui suivra votre défaite, et qui n'ajoutera pas à votre état (car vous êtes mineure), et sans consentement de vos parens, qui ne vous pardonneraient pas de m'avoir suivie ? Vous êtes ici chez moi. Il n'est pas possible de se dissimuler qu'un mariage aussi peu conforme aux lois ne changera pas votre sort. Attendez votre majorité ; alors je vous épouserai, et personne ne pourra s'y opposer. A présent changez de nom pour échapper aux recherches de vos parens, qui cependant ne pourraient avoir un grand danger pour vous, parce que je vous mettrai sous la protection du cardinal, qui, dans ce moment, n'a rien à me refuser. — Ah ! Desmaretz, dans quel piège vous m'avez entraînée ? » Un doux baiser arrêta les reproches que je voulais lui faire, et la paix fut conclue. On vint lui dire que deux de ses amis le demandaient. Il ouvrit lui même la porte, et je vis entrer Desbarreaux et Bassompierre. Ce dernier avait quelque chose à demander au cardinal, et il voulait que Desmaretz l'appuyât. Il l'emmena dans son cabinet, et je restai avec Desbarreaux.

Nous fûmes quelque temps en silence. « Eh bien, madame, me dit-il, enfin je m'en rapporte à votre loyauté. Ai-je perdu mon pari ? J'apporte les cent louis dont nous sommes convenus, si vous êtes mariée à Desmaretz, ou bien je sollicite avec la plus vive tendresse que vous teniez votre promesse. — Un tel pari, monsieur, ne peut être qu'une plaisanterie. Je ne veux point de vos cent louis. — Alors, ma chère Marianne, je réclame mes droits. — Vous n'en avez pas. — J'ai tous ceux que me donne la passion la plus vive, et que je n'eusse pas cédé à Desmaretz, si j'eusse été en état de vous assurer un sort aussi brillant, et que je serais bien fâché de vous faire perdre. Je ne vous demande que de me laisser l'espérance d'être bien plus heureux que votre amant, parce que vous m'aimez bien plus que lui. » Un soupir trahit le secret de mon cœur; alors il revint à ses détestables maximes, et, comme j'en avais besoin pour me justifier ma conduite, je ne les rejetai pas comme j'avais fait jusqu'alors. Il n'est que trop vrai que c'est le cœur qui reçoit les bonnes ou les mauvaises opinions. Vingt-quatre heures avaient changé tout mon être: plus j'avais aimé la vertu, plus sa perte me devenait insupportable : ne pouvant vaincre les remords qu'elle m'inspirait, je voulais en bannir l'image.

Desmaretz revint, Bassompierre l'avait quitté. Desbarreaux lui dit qu'il m'avait rendue raisonnable, et qu'il espérait qu'avant peu, je serais esprit fort (1):

---

(1) C'est ainsi que s'appelaient les premiers philosophes

il l'en remercia ; mais il m'était aisé de voir que ce n'était pas du fond du cœur, qu'il en éprouvait plus de jalousie que de contentement. On parla de la nécessité de changer de nom, et ce fut à cet instant que Desbarreaux m'engagea à prendre celui de Marion de Lorme, que j'ai porté pendant près de trente ans.

CHAPITRE X.

La pente du vice est glissante, rarement on s'arrête après le premier pas. Je n'ai pas besoin de dire que Desbarreaux ne me laissa point de repos que je n'eusse franchi le second. Cependant Desmaretz l'ignora toujours, et nous passâmes même pour un modèle de constance.

Madame de Saint-Evremont, ne voyant pas revenir Dorothée, commença à être fort inquiète. Elle écrivit à ma mère, et sut, par sa réponse, que ni moi, ni Dorothée n'étions venues à Balheram. Elle exprimait sa douleur d'une aussi fâcheuse aventure dans les termes les plus touchans, et suppliait la comtesse de faire les derniers efforts pour me trouver. Afin que je ne fusse pas entièrement perdue, elle lui demandait en grâce d'obtenir un ordre pour me faire renfermer dans un couvent pour le reste de mes jours. Nous fûmes instruits du contenu de la lettre par Dorothée, qui avait des relations secrètes avec le valet de chambre de madame de Saint-Evremont; et Desmaretz, qui était toujours en grande faveur auprès du cardinal, lui parla de moi dans les termes les plus flatteurs, me peignit comme une véritable Aspasie, et assura son éminence que si elle voulait me prendre sous sa protection, je pourrais rendre de grands services à l'Etat, si une fois je n'avais plus l'inquiétude que ma famille obtînt un ordre pour me faire enfermer; que j'avais une très-jolie maison dont je faisais bien les honneurs, et que j'attirerais les étrangers et qu'ainsi, par moi, M. le cardinal pourrait savoir les secrets des cours de l'Europe. Son éminence voulut me voir; mais comme il aurait été fâché que l'on crut qu'il reçût chez lui une femme de ma sorte, il dit à Desmaretz, il faut me l'amener avec une soutane et un grand chapeau. Ce dernier me connaissait assez pour être sûr que cela me divertirait. (1) Il revint donc chez moi, et bien chez moi; car j'avais

---

(1) Quelqu'extraordinaire que ceci paraisse, ce l'est moins que de prétendre, avec quelques auteurs, que le cardinal, pour venir chez Marion, se déguisa en pantalon (*acteur italien*).

appris que la jolie maison de la rue des Tournelles n'était pas celle où demeurait M. Desmaretz, mais qu'il l'avait fait meubler pour moi; et, par la suite, je la lui achetai. Il vint donc suivi d'un domestique qui plaça sur une console, dans le salon, un gros paquet et un carton à chapeau. Je croyais que c'était un habit d'amazone, parce que j'avais marqué le désir de monter à cheval. Il me laissa ouvrir le paquet; et quand je ne vis qu'un harnois ecclésiastique, je lui demandai à quel bal nous allions. — Ce n'est pas à un bal, mais chez un prince de l'église, un ministre puissant, le cardinal, enfin.— Le cardinal, et sous cet habit? — C'est lui qui l'a exigé. Si quelques dévotes vous voient passer, avec quelle ardeur elles prieront le ciel de vous conserver cette pieuse vocation, dans l'espérance de vous avoir pour directeur. Mais, en vérité, je crains que sous cet habit vous ne soyez trop jolie, et que l'on ne s'y méprenne pas. Je passai dans ma chambre, et Dorothée rit comme une folle, en voyant cet accoutrement. Le grand embarras, c'était mes cheveux, ils étaient d'une beauté parfaite et tombaient presque à terre. « Si vous vouliez, madame, vous coiffer comme une belle personne qui demeure dans cette rue, vous seriez le plus joli abbé possible. Vous devriez lui aller faire une visite, vous verriez comment ses cheveux sont coupés.— Et tu la nommes? — Ninon. C'est une personne environ de votre âge, d'une beauté parfaite ; elle est riche et voit tout Paris, même des femmes très-sages. Ce serait pour vous, madame, une société fort agréable. Profitez de l'occasion. » J'en parlai à Desmaretz, qui me dit que je ne pouvais mieux faire. Je mis une robe simple, mais fort élégante, et me faisant suivre par un laquais, j'arrivai chez elle. Sa maison donnait sur le boulevard à dix pas de chez moi. Je fis demander si elle était visible. Elle répondit qu'elle me recevrait avec plaisir.

Nous eussions pu, comme ces deux généraux grecs, qui, étonnés de leur grande réputation, restèrent en silence la première fois qu'ils se virent; ne sachant qui des deux pouvait le céder à l'autre, nous eussions pu, dis-je, rester interdites de trouver tant de beauté dans un autre visage que le nôtre. Il faut en convenir, nous étions à cette époque les deux plus belles femmes de Paris. Je devais, comme venant la chercher, lui parler la première, pour lui expliquer le sujet de ma visite. Je pris donc la parole, après un instant de silence, et je lui dis : « Vous avez, mademoiselle, une si grande réputation de beauté et de goût, que vous êtes faite pour donner des modes que les femmes s'empresseront de suivre. Je me glorifierais d'être la première à suivre vos leçons, et je suis tellement près de vous, que vous pourriez facilement me procurer cette satisfaction. Tout en disant cela, j'avais pris place auprès d'elle sur une ottomane, au-dessus de laquelle était une glace qui répétait nos images ; je pouvais les comparer, et je convins que Ninon me surpassait en régularité ; mais j'avais encore plus de fraîcheur, que je conservai bien moins long-temps qu'elle. — Voilà, me dit Ninon, avec une grâce, un enjoûment qui n'appartenaient qu'à elle, une proposition charmante, que j'accepte avec d'autant plus de plaisir, qu'elle me donne la certitude de vous voir souvent ; car, pour que la mode continue à mériter ce nom, il faut qu'elle varie sans cesse. Ainsi, il faut que nous nous voyions presque tous les jours. — Cette obligation sera fort douce. Elle m'assura qu'elle ne serait pas moins agréable pour elle. Depuis cet instant, il s'établit entre nous une société si sûre et si heureuse, qu'il est impossible d'en imaginer une plus intime entre deux femmes belles, jeunes, et ayant les mêmes prétentions.

Je lui dis le sujet réel de ma visite. Elle en rit de bon cœur, et elle m'assura que je serais bien heureuse si j'en étais quitte avec le cardinal, pour des confidences politiques. Enfin, dit-elle, c'est un être bien important à ménager; car il peut surtout faire beaucoup de mal. Quant à la perte de mes beaux cheveux, elle m'assura que j'y gagnerais infiniment, et m'en porterais beaucoup mieux; que de très-longs cheveux fatiguent le cerveau dont ils tirent trop de substance. Elle envoya sur-le-champ chercher son coëffeur, et il me coupa les cheveux à la Ninon. Le nom en est resté à cette manière de porter les cheveux. Le traître de coiffeur s'empara de mes longues tresses, dont il fit peut-être une perruque pour le chancelier, et jugez le singulier effet que devait faire le contact immédiat de mes cheveux, au travers desquels tant d'idées folles avaient passé, à la gravité du premier magistrat de France. Je me trouvai au reste encore plus jolie avec cette coiffure qu'avec toute autre, et je ne regrettai pas la fatigante parure que j'avais sacrifiée au désir de me rendre auprès de Son Eminence.

Nous repassâmes dans le salon de Ninon ; car je ne pouvais me résoudre à la quitter. Je ne voyais point de femmes depuis un an ; car j'avais signifié à Desmaretz que je ne voulais pas recevoir les trois à quatre folles qui s'étaient trouvées au souper le jour de mon arrivée, et que je soupçonnais être d'assez mauvaise compagnie. Il m'avait assurée que je serais toujours maîtresse de choisir mes sociétés, pourvu qu'elles ne lui enlevassent pas mon cœur, qui, je le crois, lui était assez indifférent.

Je revins chez moi, enchantée de Ninon et de ma coiffure : elle allait à ravir avec ma soutane. Desmaretz m'assura que toute la sainteté de la pourpre ne tiendrait pas contre tant de charmes : il fit mettre les chevaux, et me conduisit au Palais Cardinal (1). En traversant les galeries et les nombreuses salles qu'il fallait parcourir pour arriver auprès de Son Eminence, j'entendais dire : « Ah ! le bel abbé ! C'est une femme et une très-belle femme en soutane : il n'est pas possible qu'un homme soit si beau. » En entrant dans l'oratoire du cardinal, où il était plongé dans une profonde

---

(1) Depuis le Palais-Royal.

méditation, je fléchis les genoux pour lui demander sa bénédiction. Il leva les yeux, et, m'apercevant, il fit un cri de surprise. « Approchéz, approchez, ma belle enfant ; j'ai bien fait de vous faire mettre en habits qui déguisent votre sexe. Quest-ce que n'aurait pas inventé la calomnie, si on avait su que je recevais tête à tête une aussi belle fille, et il fit signe à Desmaretz de sortir, et celui-ci obéit.

« J'ai voulu vous parler seul à seul, parce que, dans la triste place que j'occupe, on est sans cesse obsédé de soupçons : je n'ai pas même une entière confiance en Desmaretz. Vous a-t-il dit ce qui lui donne un accès si facile auprès de moi ? — Non, monseigneur, et je ne me suis pas permis de le lui demander. — Ah ! c'est fort discret à l'un et à l'autre ; mais enfin il approche souvent de moi, et je veux savoir s'il m'est aussi attaché qu'il le prétend; ainsi c'est lui surtout que je mets sous votre surveillance. Instruisez-moi fidèlement de tout ce qu'il fera et dira qui pourrait m'être dangereux. — Je n'aurai rien, monseigneur, à dire à V. Em. qui ne lui prouve de plus en plus l'attachement de M. Desmaretz pour elle. — Voilà qui est bien pour l'instant; mais si vous vous apercevez qu'il change, je vous ordonne de m'en avertir : vous aurez soin de prendre note de tout ce qui aura quelque importance pour la sûreté de l'Etat; vous me l'écrirez, et, comme ce travail vous prendra quelque temps, et vous obligera à plus de dépenses, je vous donne cinq cents francs de pension par mois, qui vous seront payés avec une grande exactitude. Quand vous aurez des choses que vous ne voudrez pas confier au papier, vous viendrez sous le même costume, et vous ferez annoncer l'abbé de Ponteville : c'est à ce titre seul que je puis m'opposer aux volontés de vos parens, qui ont résolu de vous faire enfermer, ou de forcer Desmaretz à vous épouser, ce qu'il ne fera pas; ainsi donc voyez si la sûreté de votre pays vous est chère, si l'amitié et la reconnaissance que vous me devez ne peuvent pas balancer, dans votre ame, quelques préjugés, d'autant plus qu'à l'exception de Desmaretz, je ne vous demande de m'instruire que des résolutions de l'étranger, rien autre chose.

Je vis qu'il ne fallait pas refuser: j'acceptai donc, et, ayant été quelque temps avec Son Eminence, je voulus sortir; mais elle me retint pour me faire mille éloges sur ma beauté et mes grâces : mais tout cela ne m'ôtait pas l'antipathie que j'avais pour le cardinal, et qui ne fit que s'accroître. Quant à la commission, qu'il me donnait, je me gardai bien, dût-il m'ôter ma pension, de ne lui dire que ce qui ne pourrait nuire à nos amis. Je serais moins scrupuleuse à l'égard des étrangers; dans les choses où il y irait du salut de la France. Je pourrais bien aussi l'avertir des bruits publics, mais sans nommer ceux qui les tiendraient; il y a à présumer que ma correspondance ne lui fut pas désagréable: car elle se soutint, ainsi que les émolumens, tant qu'il vécut. Cette pension me mettait fort à l'aise, et m'ôtait de la dépendance de M. Desmaretz, et si j'avais su régler mes fantaisies, j'aurais pu, comme Ninon, vivre parfaitement indépendante. Mais j'aimais le luxe et rien n'était assez beau pour moi. Jamais personne n'a eu plus d'or à sa disposition et n'en a fait un usage moins raisonnable.

Avant que d'entrer dans le détail de quelques-unes de mes aventures, car on m'en a prêté beaucoup, je reviens à un scène assez gaie qui m'arriva peu de temps après.

~~~~~~~~~~~~~~~~~~~~~~~~~~~~~~~~~~~~~

CHAPITRE XI.

J'avais promis à Ninon que je lui rendrais compte de ce qui s'était passé entre moi et le cardinal, je le lui dis; mais elle prétendit que j'étais bien discrète; que je ne persuadrais à personne que son Eminence en était restée là avec moi. Je l'assurai que cependant rien n'était plus vrai, et comme nous soutenions assez vivement notre opinion, la porte s'ouvre, on annonce le jeune marquis de Villarceau, le fils de mon parrain, qui m'avait vue quelquefois chez la comtesse, il me reconnut aussitôt; — « Quoi ! c'est vous la belle Marianne, que madame de Saint-

Evremont cherche tant. — Vous vous trompez, M. le marquis, je suis Marion de Lorme. — Quel conte me faites-vous, croyez vous que l'on puisse vous avoir vue une fois, et ne pas conserver une idée bien précise de votre charmante physionomie ? mais soyez tranquille, si l'aimable Marion de Lorme veut reconnaître en moi le fils de son parrain, me permettre de lui faire ma cour, je lui jure, foi de chevalier, que je soutiendrai à qui me le disputera qu'elle n'a jamais été Marianne Grapin. — A cette condition, lui dis-je, je ne demande pas mieux. » Il prit ma main et la baisa avec une ardeur, qui me fit presque repentir de lui avoir donné la permission de venir chez moi : mais je ne pouvais la lui refuser. Il voulut en profiter aussitôt, et m'offrit son bras pour me reconduire chez moi. Ninon l'accusa d'infidélité. — Non, dit-il, je suis constant à la beauté. Depuis ce jour il fut mon ami, mon défenseur, et je conserve de lui un souvenir agréable.

Il n'en est pas de même du duc de Buckingham, dont la fin tragique m'afflige encore. Quoiqu'un nombre infini d'années se soient écoulées depuis ce fatal évènement.

Qui n'a pas entendu parler du superbe Buckingham, dont la faveur commença sous le règne de Jacques Ier, roi d'Angleterre, qu'il gouverna jusqu'à sa mort, comme Richelieu gouverna Louis XIII. On assure qu'ayant vu le portrait de la reine de France, et admirant sa beauté, madame de Suffolk lui demanda s'il trouvait cette princesse aussi belle que Jenny d'Epson, qui était alors la maîtresse du duc : il dit qu'il n'en savait rien, puisqu'un portrait pouvait être flatté, mais ce qu'il savait, c'est qu'il lui serait aussi facile de posséder l'une que l'autre. — La duchesse indignée lui tourna le dos, en disant qu'elle ne concevait pas comment on pouvait porter aussi loin l'extravagance. Le propos avait été entendu et rapporté au cardinal, qui n'apprit qu'avec le plus grand étonnement, que ce fût cet audacieux que le roi d'Angleterre envoyait comme ambassadeur à la cour de France, pour chercher madame Henriette (1) qui devait épouser le prince de Galles. Le cardinal avertit le roi combien cet ambassadeur était dangereux, et conseilla à sa majesté de faire partir la reine pour Fontainebleau. Mais madame de Chevreuse, la plus intrigante des femmes, qui avait fait un voyage en Angleterre, et qui avait pour amant lord Holland, forma l'odieux projet d'en donner un à la reine dans la personne de Buckingham; elle vanta donc à cette princesse toutes les qualités du favori

---

(1) Fille de Henri IV.

de Jacques I.ᵉʳ, et, en effet, il était difficile de réunir plus de moyens de plaire ; beauté, esprit, courage, magnificence, mais elle ne put réussir à pervertir cette princesse pénétrée de ce qu'elle devait à son époux et à elle-même. Elle regretta peu de voir l'ambassadeur repasser avec sa belle-sœur le détroit ; elle ne s'écarta jamais, comme l'ont assuré quelques auteurs, des lois de l'honneur et de la religion qu'elle suivit constamment jusqu'à la mort ; personne ne peut le dire avec autant de vérité que moi : car je fus confidente des regrets du duc, de ne pouvoir réussir à se faire écouter de cette belle et malheureuse princesse.

Lord Holland qui était venu chez moi avec le comte de la Ferté, dont il avait épousé une des parentes, y amena à son tour le héros d'Albion ; Depuis long temps Desmaretz, s'étant convaincu que Desbarreaux et moi nous le trompions, avait entièrement séparé ses intérêts des miens, et ne conservait plus avec moi que des relations politiques. C'était toujours lui que je chargeais de mes rapports à l'Eminence, et qui m'étaient payés bien au-delà de leur valeur. J'avais, comme je l'ai dit, acheté la maison de la rue des Tournelles, et j'y étais entièrement maîtresse de mes actions. Desbarreaux avait une morale trop commode pour me gêner dans mes fantaisies ; il ne faut donc pas s'étonner si je ne cherchai pas à résister aux avances que me fit le beau, l'aimable, l'audacieux Buckingham, je ne comprenais pas comment la reine avait pu résister à l'amour d'un si charmant amant. Il en était encore plus surpris, lui qui n'avait jamais rencontré de cruelles, et dont l'audace en amour égalait celle qu'il étalait à la cour de Jacques I.er Il l'avait porté, dit-on, au point de faire recevoir au cercle de la famille royale cette Jenny Epson qui se mêlait de prédire et était, selon toute apparence, un instrument dont se servait Buckingham pour parvenir à ses fins; il n'y a aucun doute qu'il trouvait la reine infiniment plus aimable, que tout ce qui avait jusque là captivé ses sens ; mais comment échapper à la surveillance jalouse du cardinal, qui n'avait pas voulu laisser le moindre ascendant à Anne sur son époux, pour le conserver entièrement; et qui ne voulait pas plus que la reine, en s'attachant un personnage important, trouvât en lui un appui dangereux qui aurait pu se joindre au redoutable parti qui voulait perdre le cardinal. Il la tenait éloignée de la cour, sous le prétexte que sa santé ne lui permettait pas de paraître en public; et, non content de lui avoir enlevé l'affection de son époux, il faisait écouler ses jours dans une triste solitude, qui n'était animée que par la présence de la duchesse de Chevreuse, femme infiniment dangereuse, et qui compromettait sans cesse son auguste maîtresse par les conjurations où elle avait l'art de l'associer, sans que cette princesse en eût connaissance. C'est ainsi que périt le jeune prince de Chalais, qui fut accusé d'avoir voulu faire assassiner le roi, et marier la reine au duc d'Orléans son beau-frère : conjuration inventée par la haine, et à laquelle les imprudences de la duchesse donnèrent quelqu'apparence de réalité.

Cette dame, comme nous l'avons dit, avait pour amant le lord Holland qui l'adorait et était ami, comme nous l'avons dit aussi, du duc de Buckingham, ils imaginèrent de persuader à la duchesse qu'il fallait se servir de la puissance de la cour d'Angleterre au moment où le prince de Galles allait devenir beau-frère d'Anne, pour que ce prince la protégeât contre la tyrannie de son époux, et pour cela il fallait, disaient-ils, que le lord Buckingham eût avec la reine un entretien particulier, auquel cette princesse consentit dans la seule vue de perdre le cardinal. Buckingham était chez moi, dont le cercle devenait chaque jour plus brillant, quand on lui apporta le billet de madame de Chevreuse, qui contenait l'ordre d'être le endemain à Fontainebleau. Jamais je ne vis un homme plus joyeux ; il ne doutait pas que ce rendez-vous ne le rendît l'heureux rival du roi. Il me quitta en m'assurant que, quelqu'amoureux qu'il fût de la reine, s'il n'y allait pas de l'intérêt de l'Angleterre, de renverser la puissance colossale de Richelieu il me préférerait à Anne, quoiqu'elle fût charmante je le remerciai de cette galanterie, mais je savais à quoi m'en tenir.

Cependant j'avoue que j'éprouvai un

malin plaisir, lorsque j'appris que le cardinal avait eu l'adresse de rompre ce rendez-vous en envoyant un courrier à l'ambassadeur au moment où il arrivait à Fontainebleau, pour le prier de revenir aussitôt, ayant les choses les plus importantes à lui communiquer. Il fallut bien qu'il partît et allât directement au Palais Cardinal. Le premier ministre ne lui laissa point ignorer qu'il était instruit de toute son intrigue avec la duchesse; qu'il lui conseillait en ami de n'y pas donner de suite, parce que elle pourrait lui être funeste. Il alla jusqu'à lui rapporter les termes de son pari, Buckingham le nia; mais il n'osa pas retourner à Fontainebleau, et les fêtes du mariage furent tellement rapprochées, que cinq jours après il fut obligé de partir avec la princesse. Je le regrettai, il répandait autour de lui un grand éclat; il était si noble, si magnifique que l'on pouvait dire qu'il tenait beaucoup de place partout où il était.

Un auteur du temps de la régence, dit qu'il avait à sa disposition toutes les finances du roi d'Angleterre, et pour se parer, tous les diamans de la couronne. Avec cela il est difficile de ne pas tout subjuguer. Il m'écrivit en arrivant à Londres; je lui avais recommandé une grande circonspection dans ses lettres, car il n'y avait aucun doute qu'elles seraient portées dans les bureaux du cardinal, avant de me parvenir. Il sollicitait la grâce de revenir en France; était-ce pour la reine, ou pour une autre? J'ai trop de modestie pour croire qu'il y eût aucune comparaison de cette grande princesse à moi; mais il en faut convenir, c'est une chose triste pour les plus grandes dames: elles se touvent souvent en rivalité avec celles, dont à peine elles voudraient pour leur rendre les plus humbles services.

Le roi Jacques I.er mourut peu de temps après le mariage de madame Henriette, qui monta sur le trône d'Angleterre avec son mari. Fille d'un héros, sœur d'un monarque puissant, épouse d'un roi beau, jeune, qui l'aimait tendrement, et dont elle était sûre de conserver la tendresse, étant belle, jeune, vertueuse, et fort aimable, elle fut néanmoins la plus infortunée des femmes, et si elle brilla pendant quelques années d'un grand éclat, les malheurs dont sa maison fut accablée l'associèrent à la triste destinée de la maison des Stuards, qui effraya l'Europe pendant près de trois siècles, par les catastrophes sanglantes dont ses princes furent les victimes.

CHAPITRE XII.

Après le départ de Buckingham, je n'avais honoré aucun de ses rivaux d'un regard de bienveillance. Je trouvais si peu de comparaison entre lui et cette foule d'adorateurs qui obsédaient mes pas, qu'en vérité, j'avais envie de me retirer dans un couvent, ou bien dans une campagne isolée. Desbarreaux même, dans cet instant, ne me plaisait pas, et sa philosophie n'avait plus le pouvoir de me faire croire que toute la félicité de l'homme consiste dans les plaisirs des sens ; enfin un ennui insupportable me poursuivait.

Un soir que j'étais chez Ninon, et qu'elle me plaisantait sur ce qu'elle appelait la tristesse de mon veuvage, on parla du maréchal de Guébriant se laissant consumer de chagrin depuis la mort de la maréchale, belle et vertueuse femme, et encore plus aimable; il l'avait épousée d'amour, et leur union qui ne dura que trois ans fut comme un jour sans nuage. Une maladie cruelle et fort prompte l'enleva, qu'elle avait à peine atteint vingt ans. Le maréchal fut trois jours dans un délire si violent, que personne n'osait l'approcher. Enfin ayant passé ce temps sans dormir ni prendre aucune nourriture, il tomba dans un annéantissement qui donna la possibilité de lui rendre des soins. On le mit dans un lit, et on lui fit avaler une cuillerée de vin de Malaga, et peu à peu il revint à la vie et à la connaissance de son malheur. Il défendit qu'aucune femme parût devant lui; il lui semblait que c'était une injustice du ciel d'avoir conservé la vie à des créatures de son sexe, tandis que sa chère Léontine n'existait plus; il partit pour une terre qu'il avait près de Rambouillet. Le château, d'une construction gothique, était placé au milieu de la forêt; il s'y renferma avec ses aides-de-camp, son secrétaire, ses valets de pied et ses cuisiniers. On entrait par un pont-levis; il donna l'ordre que l'on ne le baissât jamais, que pour faire entrer les choses de première nécessité.

Il y avait un an qu'il vivait ainsi, pleurant sa chère Léontine. On n'avait pu le déterminer à sortir de ces tristes murailles, la crainte de voir une femme l'y retenait, et quand on lui représentait qu'il se devait à sa patrie, et qu'après ses hauts faits d'armes il ne lui était pas permis de rester dans une si coupable inaction, il disait : «J'ai payé ma dette à l'Etat, je l'ai servi trente ans avec gloire : j'avais cru que le ciel pour m'en récompenser avait fait naître Léontine, je l'ai perdue je n'ai plus qu'à mourir. »

On racontait cette touchante histoire, comme je l'ai dit, chez Ninon, qui assurait que si une femme avait la charité d'entreprendre sa guérison, il n'y a aucun doute qu'elle serait bientôt complète : « Voilà, me dit-elle en riant, une cure digne de vous, et qui vous ferait un honneur infini. — Je ne m'en charge pas ; pensez donc que le maréchal a cinquante ans. — Cela ne fait rien c'est un bel homme, il est fait à peindre ; il a un beau nom, une grande fortune, c'est un meurtre de le laisser s'enterrer tout vif. — Comment voulez vous qu'on le tire de cet état, puisqu'il ne veut voir aucune femme ? — Il faut bien qu'il en aperçoive quelquefois. » Enfin je me défendis de me charger de guérir l'humeur noire de M. de Guébriant. Cette idée cependant me parut sortir de la route ordinaire et capable de m'arracher à mon apathie. Je revins chez moi, et je donnai ordre à Laurent de partir pour Rambouillet, de s'informer s'il n'y avait pas quelque maison dans le voisinage du château qu'habitait le maréchal, où l'on pût loger commodément. Je lui recommandai de s'informer de ce que faisait et disait cet incomparable mari.

Il revint trois jours après, et me dit qu'il y avait une tour qui dépendait du château de Quincy (c'était le nom de la terre de M. de Guébriant), que cette tour était un rendez-vous de chasse, qu'elle était très-logeable et fort bien meublée, que le garde-général de la terre habitait avec sa femme le rez-de-chaussée, et louerait volontiers les étages supérieurs ; qu'au surplus les gens du maréchal disaient que leur maître mettait à présent dans sa conduite plus d'entêtement et d'orgueil que de vraie douleur, qu'il commençait à se mettre à la fenêtre du côté de la forêt, et qu'il ne se retirait pas, lorsqu'il passait une femme, quand on ne le voyait pas : ce fut assez pour me déterminer à partir. Je fis faire un habillement de veuve qui me séyait fort bien ; je fis habiller Dorothée en grand deuil, ainsi que Laurent, et, sans autre suite, j'arrivai à Quincy, où je restai, pendant quelques jours, enfermée comme une femme qui veut être toute à sa douleur. J'avais donné ordre à Laurent de dire au garde que j'étais la baronne de Knieword, veuve d'un capitaine de Lansquenets, au service de France. La Ramée et sa femme me plaignirent d'avoir perdu si jeune un époux, que l'on disait que j'adorais.

Quand mon existence fut connue dans le canton, je sortis pour prendre l'air dans la forêt m'appuyant sur le bras de Dorothée, et suivie de Laurent ; peu à peu je fis mes promenades plus longues ; je vins jusque sur les bords des fossés de Quincy. Je vis le maréchal à la fenêtre, et je crus apercevoir qu'il fit un mouvement de surprise en me voyant; je tournai brusquement d'un autre côté, comme quelqu'un que ses méditations ont amené par mégarde dans un chemin qu'il était fâché d'avoir pris, et, pendant huit jours, je ne m'approchai pas autant de Quincy ; mais assez pour être vue du maréchal, qui restait à la fenêtre tout le temps qu'il pouvait me suivre des yeux.

Un jour que j'étais venue m'asseoir sur une grande pelouse, presqu'en face du château, mais pas assez près pour que je parusse avoir le dessein d'être remarquée, je fis toutes les mines d'une femme qui s'évanouit. Dorothée, qui était dans ma confidence, me soutenait dans ses bras, et, comme si elle n'eût pu me faire revenir, elle dit à Laurent, qui était aussi du complot, d'aller au château chercher du secours, que sa maîtresse se mourait, et Laurent courut avec toute l'apparence du zèle le plus pur. Le maréchal n'avait pas quitté la fenêtre depuis que j'étais là : il avait vu aussi que je me trouvais mal, et, ne pouvant résister à l'intérêt que ma ressemblance avec feue la maréchale lui inspirait, il avait donné ordre qu'on allât savoir si on ne pouvait pas m'être utile. Laurent arriva au moment où le valet de chambre de M. de Guébriant sortait. Il lui dit : « Ah ! monsieur, aidez-moi à transporter ma maîtresse jusque chez elle : elle est mourante. — Non, non, dit le maréchal, qui était descendu pour donner l'ordre de m'apporter au château ; il vaut mieux la conduire ici », et, emporté par un mouvement dont il n'était pas le maître, il sortit avec son premier aide-de-camp, qui se nommait Sainte-Croix, et ils arrivèrent jusqu'à moi,

Mes yeux étaient fermés, ma respiration haute et oppressée ; de légers mouvemens convulsifs agitaient les muscles de mon visage et mes membres ; mais, du reste, je n'entendais rien, je ne répondais à rien. Dorothée se désolait. « Ma pauvre maîtresse ! triste effet d'une douleur qui la tue, être veuve à vingt-quatre ans.—Hélas ! c'était l'âge de Léontine, reprit le maréchal, d'une épouse adorée.—Eh ! monsieur, voyez comme elle est pâle. » Le maréchal voyait que j'étais belle, et il ne voulait pas manquer l'occasion de m'avoir dans son château. Il craignait qu'en revenant à moi, je ne m'y opposasse, et il se hâta de dire à mes gens et aux siens de me prendre doucement, et de le suivre. Il marchait devant, donnant le bras à Sainte-Croix, et il disait : « Convenez que la ressemblance avec Léontine est extraordinaire. —J'en conviens, disait Sainte-Croix. »

Quand on fut entré dans le château, il me fit placer sur un lit dans un appartement qui était celui de la maréchale, quand elle venait chasser avec son mari, on n'avait pas eu l'instant de choisir : alors, tous les soins me furent prodigués, toute la pharmacie du château fut apportée dans ma chambre; j'ouvris un œil mourant que je refermai soudain comme s'il était blessé par la lumière. Enfin je revins tout-à-fait à moi. « Mais où suis-je ? dans une maison étrangère ? » — Non, madame, nous ne pouvons pas être étrangers l'un à l'autre, le malheur nous unit. Je le remerciai de ses touchantes paroles, mais je veux, dis-je, retourner dans ma solitude, être tout à ma douleur. — Rien ne vous en distraira ici.

J'avais choisi exprès la fin du jour pour cette scène, et il ne faisait presque plus clair. — Ah! je ne souffrirai pas, madame, que vous vous exposiez à l'air de la nuit, vous la passerez ici : le pont est levé et il ne sera pas baissé. Je marquai beaucoup d'humeur, de chagrin, je crois même que je pleurai ; mais le maréchal n'en tint compte; il me quitta pour laisser le temps à Dorothée de me déshabiller et de me coucher, puis il demanda la permission que l'on servît le souper dans ma chambre, je n'avais pas trop le droit de m'y opposer. Le maréchal eut pour moi les attentions les plus délicates : il se retira à minuit, je dormis parfaitement, je me levai de bonne heure et je me disposais à quitter le château, quand M. de Guébriant me dit que le déjeûner était prêt, que je partirais de suite puisque je le voulais. Après le déjeûner, je l'assurai d'un ton très-ferme que je voulais retourner chez moi : le maréchal donna ordre que l'on mît les chevaux, et il me demanda la permission de m'accompagner; je ne pouvais la refuser.

Pendant la route il ne me parla que de sa Léontine, je ne lui répondais qu'en peignant mon Alfred comme un véritable héros *de roman*. Arrivé à la tour, il voulut absolument monter, il trouva que j'étais affreusement logée, qu'il fallait absolument que j'acceptasse un appartement chez li; je le refusai avec dignité : il me quitta, mais dès le lendemain il revint ; enfin que vous dirai-je ? au bout d'un mois j'étais chez lui, occupant l'appartement de la maréchale, et son époux, trompé par la ressemblance m'avait transporté tout l'amour qu'il avait pour la défunte, vous me demanderez peut-être, dis-je, si je le partageais ; je vous assure que non : mais je m'étais persuadée qu'il m'épouserait ; il me l'avait même promis. Il fallait laisser passer quelque temps encore pour ne pas paraître avoir si tôt oublié l'idole de son cœur. Ce qu'il y avait d'assez ennuyeux dans notre position, c'est qu'il s'en souvenait à merveille, que c'était à elle qu'il offrait ses hommages, et, quand il se souvenait que ce n'était pas elle, il se mettait en fureur contre lui-même, s'accusait d'infidélité et de parjure, me demandait de n'avoir avec moi d'autres liens que ceux de l'amitié. Il savait (car il avait fallu le lui dire, dans la crainte qu'il ne l'apprît d'un autre) qui j'étais ; mais je l'assurai que je l'aimais avant son mariage, pour l'avoir vu chez madame de Saint-Evremont, et que, le sachant libre et malheureux, j'avais tout tenté pour le rendre à la société dont il faisait l'ornement par ses qualités brillantes. Il était néanmoins convenu que je serais toujours chez lui la baronne de Knieword. Cette manière d'être m'ennuyait assez : nous ne voyions personne, pas même le curé ; les aides-de-camp se tenaient à une respectueuse distance de moi; enfin le maréchal s'aperçut que je m'ennuyais : il me proposa de revenir à Paris, et de continuer, comme je faisais depuis que j'étais au Quincy, à tenir sa maison. Je lui dis que j'en avais une que j'aimais beaucoup. « Je suis persuadé qu'elle est jolie, que n'embelliriez-vous pas ? mais l'hôtel de Guébriant est sûrement plus agréable encore. » Je consentis à ce qu'il désirait.

A peine arrivée à Paris, j'allai voir Ninon. Je lui contai mon aventure ; elle ne savait ce que j'étais devenue. « Pour toute autre que vous, ma chère enfant, ce serait une fortune assurée : il n'y aurait aucun doute que le maréchal vous épouserait ; mais il faudrait pour cela une prudence, une adresse et surtout une patience dont, je suis sûr, vous n'êtes pas capable. » Elle avait bien raison.

Nous passâmes quelques mois de la même manière. Ceux qui reconnaissaient Marion de Lorme dans la baronne de Knieword en gardaient le secret ; mais j'avais chaque jour des querelles avec le maréchal, qui me trouvait trop vive, trop gaie, comme moi, je le trouvais bien trop grave et trop triste ; ainsi il y avait tout lieu de croire que nous ne serions pas long-temps unis.

CHAPITRE XIII.

Je n'aimais ni plus ni moins le maréchal ; mais je me repentais de plus en plus de l'avoir rendu maître de mes actions, et je ne cherchais qu'une occasion d'échapper à son joug, d'ailleurs je craignais le cardinal, qui le détestait. Ninon m'avertit que j'avais tort de me laisser oublier de Son Eminence, et je résolus de réveiller l'intérêt qu'il me témoignait, et de me rendre utile. Je venais de recevoir une lettre de Buckingham ; je pensai qu'en la portant à M. de Richelieu, je me rendrais nécessaire ; je n'imaginais pas que la puissance du premier ministre pût s'étendre au-delà de la Manche ; je me faisais un plaisir malin de lui faire lire les injures que Buckingham lui disait; et puis, je ne le cache point, il y entrait un peu de jalousie contre la grande dame, que je ne pardonnais pas au duc de me préférer. Mon imagination m'a toujours entraînée, et, dans cette occasion, elle m'a préparé un chagrin que le temps a affaibli, et n'a pas détruit. Je voulais donc rendre au ministre la lettre que Buckingham m'écrivait. Elle n'avait pu parvenir à la connaissance du cardinal ; car elle m'avait été apportée directement par un aide de-camp du général anglais. Elle disait beaucoup de choses, comme on en peut juger ; car je la transcris ici toute entière.

« Ma jolie Marion, l'amour maudit
» la gloire et l'ambition. Je suis bien
» puni de ma haine implacable et de
» ma mortelle jalousie contre ton
» damné de cardinal. Sans les secours
» que j'ai engagé mon maître à donner
» aux Rochellais, je serais à tes pieds,
» et tu serais dans mes bras. Mais
» comment laisser cet insolent mi-
» nistre acquérir une gloire qui ajou-
» terait à sa puissance? Aussi j'ai dé-
» terminé le roi, mon maître, à se-
» courir les protestans, lui qui est
» catholique dans le cœur. Je lui ai
» persuadé, ainsi qu'à la reine, qu'il
» fallait perdre l'ennemi de la reine
» de France, et que le seul moyen
» était d'empêcher Richelieu de s'em-
» parer de la Rochelle, et Charles
» m'a remis tous ses pouvoirs; l'ar-

» moment est très-considérable. J'es-
» père bien que la levée du siége ne
» sera pas l'affaire de quinze jours; nous
» sommes attendus dans la ville comme
» des libérateurs ; enfin je compte ,
» avant peu de temps , que nous se-
» rons réunis, dût madame de Che-
» vreuse en enrager. Je n'en dis pas de
» même d'une dame d'un bien plus
» haut rang; je ne voudrais pas qu'elle
» sût combien je t'aime. Je ne te cache
» pas que je tiens infiniment à elle ,
» peut-être parce qu'elle ne m'a en-
» core accordé que quelques regards ,
» où se peignait une bienveillance
» marquée; mais enfin c'est à elle seule
» que je veux dérober nos amours ;
» ils n'en seront pas moins empressés.
» Je meurs d'impatience de retourner
» dans les lieux que tu habites, respi-
» rer sur ta bouche divine, le principe
» de ma vie qui s'affaiblit tous les jours
» en ton absence. Depuis que je suis

» privé de ta vue enchanteresse, tout
» dépérit dans mon existence, je ne
» suis plus l'heureux mortel, si heu-
» reux de t'avoir plu, et que tout
» réjouissait près de toi. Tout m'af-
» flige maintenant, tout m'importune;
» de noirs pressentimens m'agitent et
» circulent avec mon sang, mes idées
» roulent sans cesse sur les évènemens
» de ma vie, que je regrette tant, et
» ne s'arrêtent plus que sur les avant-
» coureurs de ma destruction. Oh!
» Marion, Marion si chère, serait-il
» donc écrit que je ne te reverrai
» jamais. Si ce cruel arrêt est porté
» contre moi, je ne désire plus de
» conserver la vie : elle me serait in-
» supportable, ou Marion ou la mort.
» Adieu, maîtresse adorée de l'amant
» le plus tendre; si le sort dispose de
» moi avant que je puisse te revoir,
» souviens-toi quelquefois de mes
» transports brûlans et du torrent de

» délices que tu faisais couler dans
» mes veines ; rappelle-toi avec at-
» tendrissement les preuves de mon
» amour et celles de ma tendresse ;
» enfin que tes beaux yeux, organes
» de ton cœur, versent quelquefois
» des larmes au triste souvenir du
» malheureux duc de Buckingam. »

J'écrivis au ministre qu'ayant à lui communiquer une lettre d'Angleterre très-importante, je le suppliais de m'accorder un moment d'audience particulière, et que je le priais de permettre que ce fût sous les habits de mon sexe ; que mademoiselle de Lorme n'était plus pour lui la jolie petite Marion, et n'avait plus l'air assez ingénu, pour qu'on la confondît avec les élèves de Vincent de Paul ; qu'enfin, à mon âge, je pouvais bien obtenir la faveur que je sollicitais, sans éveiller la calomnie.

Le cardinal me fit dire qu'il m'attendait à son palais vers minuit. Nouvel embarras. Le maréchal de Guébriant venait rarement, depuis quelque temps, passer les nuits avec moi; mais je lui en avais accordé le droit. Il pouvait en avoir la fantaisie précisément cette nuit-là, et, s'il ne me trouvait pas, comment lui dire que j'étais chez le cardinal qu'il déteste?

J'eus recours à Ninon: elle était toujours mon unique amie, la dépositaire de mes plus secrètes pensées; c'était elle qui m'avait conseillé de ne pas me laisser oublier du cardinal; mais elle fut aussi déconcertée que moi de l'heure du rendez-vous. « Que veut-il donc, cet homme qui existe à peine? Comment ne donne-t-il pas la nuit au sommeil.—Qu'il dorme ou qu'il veille, répondis-je, cela m'est bien indifférent; j'ai trop haute opinion d'un prince de l'Eglise, pour penser......... »

Mais ce n'est pas ce qui m'inquiète,

ce que je crains, c'est que le maréchal, ne fût-ce que pour dormir, vienne cette nuit. Que lui dire ? Il faut, ma chère Ninon, que vous vous en empariez, et que vous trouviez le moyen de l'occuper si bien, qu'il ne pense pas à moi. — Cela ne sera pas difficile, car c'est un homme bien singulier. D'après tout ce qu'il a fait pour vous, pouvait-on croire qu'il vous serait infidèle ? Il l'a bien été, pour moi, aux mânes de sa chère Léontine; cependant il est certain qu'il a, depuis quelques semaines, une fantaisie pour Chimène (1), et il n'a pas pu obtenir un moment d'entretien, parce qu'elle tremble que le prince de Condé, qui en est fou, ne le sache. Je lui dirai qu'elle peut venir en toute sûreté souper chez moi, que le prince n'y vient

────────────

(1) C'est-à-dire pour l'actrice qui jouait ce rôle dans le Cid.

jamais. Quand elle y aura consenti, j'écrirai au maréchal, j'aurai Villarceau, et la conversation entre nous quatre sera assez animée, pour qu'il n'ait pas envie d'aller vous trouver. Tâchez toutefois d'être chez vous, au plus tard, à quatre heures du matin; car il serait possible qu'en vertu des droits que vous lui avez accordés, il vînt sommeiller auprès de vous le reste de la nuit. Ne vous offensez pas de ce que je vous dis : c'est du maréchal que je parle. Quel autre pourrait dormir auprès de Marion, toujours si belle, si fraîche. » Je l'assurai qu'elle ne m'offensait nullement; car je rendais bien au maréchal indifférence pour indifférence, et je la quittai, bien sûre qu'elle veillerait plus à mes intérêts que moi-même.

Je ne m'occupai plus que de me rendre aux ordres de l'Eminence, et comme la beauté est toujours utile, quelque rapport que l'on suppose entre un homme et une femme, je mis mes soins à paraître avec tous mes avantages chez le premier ministre; une parure aussi riche qu'élégante, ajoute toujours aux dons de la nature surtout quand on a atteint l'âge de la perfection des charmes. Hébée est sans ceinture : elle a quinze ans; Vénus ne quitte point cet ornement, pour apprendre que quoique l'on soit encore belle, on ne doit rien négliger pour assurer son empire. D'ailleurs je pensais qu'il ne m'avait vu depuis bien des années, qu'avec le vêtement lugubre qu'il m'avait fait adopter pour nos rendez-vous, que ne lui paraîtrais-je pas, mise avec tant de magnificence ? Je savais aussi, sans avoir mauvaise opinion de monseigneur, je savais par expérience, qu'une parure très-recherchée sert de défense, et si le malin se glisse dans l'ame de celui que l'on veut séduire , mais non rendre heureux : il rencontre partout des obstacles, ce sont les épines de la rose ; mais, je le répète, elles n'étaient nullement nécessaires avec la pauvre Eminence, qui sûrement, n'était pas un héros en amour.

Cependant je ne puis dissimuler qu'il parut frappé de l'éclat qui m'environnait. « Eh ! ma chère Marion, vous avez donc fait un pacte avec les amours pour être toujours plus belle ; en vérité, si je n'étais pas pénétré du néant de la vie, vous seriez très-dangereuse pour moi. » Je ne répondis que d'une manière fort légère, et comme quelqu'un qui se soucie peu de s'engager sérieusement. Soit qu'il fût plus pressé de voir la lettre que je lui annonçais que de me parler de ses sentimens, soit qu'il eût juré ma perte, et qu'il ne voulût pas se laisser attendrir par l'attrait qu'il éprouvait à cet instant, il changea tout-à-coup de conversation et, prenant un visage sévère, il me fit repentir de lui avoir demandé un rendez-vous.

Où est-elle, me dit-il, cette lettre que vous dites si importante pour moi ? Quel est l'audacieux qui peut, malgré toutes les précautions dont je m'entoure, faire pénétrer en France un écrit dangereux ?—Je ne sais, monseigneur, si vous le trouverez tel, mais j'ai cru de mon devoir de vous le dénoncer, et, tirant en tremblant de mon sein la lettre du favori du Roi d'Angleterre, je la donnai au cardinal, il la prit, la lut en entier, et, comme j'avançais la main pour la reprendre, non pas, dit-il, vous ne l'aurez point ; en disant cela ses yeux étincelaient de fureur, ses lèvres étaient pâles et tremblantes, je crus voir la vengeance armée de ses plus terribles attributs. Il n'avait encore rien dit et je me voyais perdue.

Enfin il éclata. Qu'il tremble ce téméraire ! non ! l ne rentrera pas en France, je le jure par le respect que je dois au Roi. L'infâme ! oser écrire pareilles choses ! vous êtes bien heureuse Marion, de m'avoir remis cette lettre; si des raisons sur lesquelles je ne m'explique point, avaient nécessité que l'on fît chez vous une recherche dans vos papiers, et que cette lettre s'y fût trouvée, rien ne vous eût soustrait à la justice, et votre mort eut été certaine, malgré le crédit d'un autre audacieux sur lequel vous ne devez pas vous appuyer : car il faut qu'il s'unisse à mon parti ou qu'il périsse. Je vous en avertis, et vous permets de le lui dire. — Moi ? monseigneur, je ne me charge point d'une pareille commission.

Ce que j'avais à dire à Votre Eminence, n'avait aucuns rapports avec M. le maréchal de Guébriant. Je ne me repens pas d'avoir fait connaître au premier ministre, cet écrit qui pouvait l'éclairer ; mais j'avoue que je ne m'attendais pas à trouver votre Eminence irritée contre un général, recommandable par ses services. — Vous ne vous y attendiez pas, il me semble pourtant qu'assez de raisons pouvaient vous faire croire, que j'avois à me plaindre de lui : quant à Buckingham, je saurai punir son audace, mais il n'est pas encore temps : il faut répondre à sa lettre, prenez cette plume et écrivez ce que je vais vous dicter. — Monseigneur, je crains... — Que craignez vous? qui y a-t il de plus à craindre pour vous que de me déplaire? — Si Votre Eminence m'avait laissé achever ma phrase, elle aurait su ce qui faisait le sujet de ma crainte. — Eh bien! dites. — Je crains qu'une lettre dictée par le plus beau génie du siècle ne soit d'un stile si différent du mien, qu'il serait impossible que le Duc ne s'aperçût pas, que la lettre n'est pas de moi — Vous avez raison, eh bien! écrivez et et je verrai si c'est là ce que je veux qu'il sache et rien de plus. Je me mis à écrire de la manière la plus simple, conseillant cependant au Duc de ne pas lutter contre M. le cardinal de Richelieu dont la puissance s'étendait au loin. Le ministre raya la fin de cette phrase et me dit, est-ce que vous croyez que je l'attaquerais en Angleterre, vous vous trompez fort : qu'il ne tente pas de revenir en France : je ne lui veux point de mal. Il prononça ces mots avec un accent qui me parut l'arrêt de cet infortuné. Oh! que je me suis reproché d'avoir fait voir cette lettre au cardinal! Il ne faut pas se jouer avec l'homme puissant et profondément méchant ; s'éloigner de lui, sera toujours le parti le plus sage. Que ne l'ai-je suivi dans tout le cours de ma vie, elle n'eût pas été aussi malheureuse!

CHAPITRE XIV.

Quand j'eus récrit ma lettre, le cardinal en jeta lui-même le brouillon au feu, puis il me dit : « Je me charge de la faire passer de manière qu'il ne se doutera pas par quelle voie elle lui arrive ; n'en écrivez pas d'autre, car ce serait dans mes mains qu'elle arriverait, et vous seriez perdue. » Il me reste, ajouta-t-il, un devoir à remplir c'est celui de la reconnaissance, parce qu'il faut en convenir, cette lettre me sera utile, mais, ma chère Marion, vous êtes si riche maintenant que l'on ne sait que vous offrir. — La grâce d'un braconnier pris sur vos terres en Touraine, et condamné aux galères, pour avoir résisté à vos gardes, dont un a été légèrement blessé ; il a une femme et huit enfans, dont l'aîné n'a pas douze ans. Voilà la requête qu'il m'a envoyée; je l'avais prise pour la mettre aux pieds de Votre Eminence qui ne peut rien me donner qui me fasse plus de plaisir, que de répondre favorablement à ce malheureux. Il prit la requête et écrivit accordé, et me dit de faire expédier les lettres de grâce. Il loua ma charité envers cette malheureuse famille, et ce fut le seul bien que je recueillis d'une démarche que j'avais eu grand tort de faire : enfin il me laissa sortir de son cabinet.

Je montai aussitôt dans ma voiture et j'arrivai à l'hôtel de Guébriant, non sans la plus vive inquiétude de trouver que le maréchal m'eût devancée. Quand je sus qu'il n'était pas encore rentré, j'éprouvai quelqu'adoucissement au chagrin que cette entrevue m'avait causé; je me couchai tout de suite. Les chevaux étaient à peine à l'écurie et mes gens endormis, que le maréchal vint en effet finir sa nuit près de moi.

Quant à moi je dormis mal et jétais bien fâchée que le cardinal eût gardé ma lettre et comment ne l'avais-je pas prévu? Enfin M. de Guébriant me laissa libre de me livrer à mes conjectures qui ne se réalisèrent que trop. Cette lettre avait blessé le cardinal dans ce que l'amour-propre avait de plus puissant, et il brûlait de s'en venger. Lorsqu'il en parla à M. de Bois-Robert à qui il confiait ce qu'il ne disait pas au père Joseph. Tout ce qui demandait de la délicatesse des ménagemens, était opposé au caractère âpre et violent du capucin, qui sûrement n'avait jamais lu ces paroles de son divin maître : « Ap-« prenez de moi, que je suis doux et « humble de cœur. » Et s'il avait des qualités éminentes, s'il rendait de grands services à l'État, il n'en était pas moins sans cesse en opposition avec celui qu'il avait embrassé.

Pour M. de Bois-Robert, homme insinuant et rusé, on le trouve dans les petites tracasseries de cour ; peu lui importait ce que l'on disait et pensait de lui. Il savait se rendre nécessaire au premier ministre, qui lui parla de la lettre de Buckingham et du danger, si les Anglais ravitaillaient la Rochelle, de ne pas voir finir ce siége déjà si long. Bois-Robert persuada au cardinal de faire écrire une très-grande dame à Buckingham, pour lui demander de ne point attaquer la Rochelle avant trois jours, parce que ce serait un moyen de donner au roi le temps de voir combien les troupes étaient mécontentes, mal payées ; enfin toutes choses que l'on exagérera et qui feront renvoyer le ministre. Le cardinal ne put s'empêcher de rire, lui qui ne riait guère, de voir quel soin il fallait se donner pour faire écrire à cette dame du mal de lui. « Voilà qui est le mieux du monde, reprit l'Eminence, la lettre est bien ; mais qui la fera écrire ; — Eh ! n'avez vous pas madame de Choisi, ne vous est-elle pas dévouée ? Elle en parlera à Monsieur, qui vous verra culbuté par cette ruse et ne demandera pas mieux de seconder ce projet : on connaît son crédit sur l'esprit de la grande dame, cette lettre sera écrite, elle la signera, elle parviendra : Buckingham accordera les trois jours, pendant ce temps la jonction de l'armée que le roi amène devant la Rochelle avec celle que commande M. de Thoiras s'effectuera, et alors le secours conduit par Buckingham deviendra nul. Les troupes débarquées seront taillées en pièces, et le peu qui en restera se retirera sur ses vaisseaux dans le plus affreux désordre, qu'augmenteront les batteries que l'on élèvera sur la côte, et elles foudroieront l'escadre anglaise qui sera forcée de se retirer. — Le ton d'assurance de Bois-Robert en donna à son patron, qui le laissa maître de suivre cette intrigue, qui réussit au-delà de toute espérance.

Tout se passa comme Bois-Robert l'avait dit, à l'exception de la défaite de l'armée anglaise ; mais elle fut forcée, pendant plusieurs mois, de s'en tenir au blocus du port de la Rochelle, et Buckingham ne se douta pas que tous ces contre-temps venaient de la lettre qu'il m'avait écrite en quittant l'Angleterre ; évènement qui prouve combien les hommes chargés des grands intérêts des empires doivent mettre de circonspection dans leur correspondance familière, parce que, si celles à qui ils écrivent ne sont pas capables de s'en servir pour ruiner leurs desseins, leur indiscrétion livre quelquefois ces écrits à des gens intrigans qui s'en servent habilement, et ainsi une lettre d'amour fait le destin des empires.

Le cardinal ayant réduit l'escadre anglaise, comme je l'ai dit, à ne former qu'un blocus, ne s'occupa plus que de repousser le siége avec la dernière vigueur, et il fit construire cette fameuse digue qui ferma le port aux Anglais.

CHAPITRE XV.

L'homme sait rarement ce qu'il veut. J'avais acquis de la fortune, une grande liberté et je n'avais nul besoin de me soumettre à l'humeur sombre du maréchal, et cependant on a vu la peine que j'avais prise pour me mettre dans ses chaînes et je n'en étais pas plus heureuse; d'ailleurs, ayant appris qu'il osait, malgré ses scrupules, faire une double infidélité à sa Léontine, dont il m'ennuyait sans cesse. Je trouvai que j'étais bien sotte de me gêner pour lui : je me rappelais les tendres expressions de la lettre de Buckingham, ses tristes pressentimens ; le désir de le voir, quelque chose qui pût en arriver, devint si vif, que je résolus de le satisfaire ; d'ailleurs je voulais le prémunir contre les mauvais desseins du cardinal, sans cependant convenir que j'avais donné sa lettre à Son Eminence, sans en sentir les conséquences. Je me plaignis de ma santé, je me fis ordonner par mon médecin les eaux de Barège avec l'intention de ne pas les prendre. Je me rends à Poitiers, là je laisse mes chevaux, ma voiture, ma femme de chambre qui était toujours la discrète Dorothée, et, ayant changé les habits de mon sexe contre un pourpoint de velours nakara, et mes coiffes contre un chapeau à la Henri IV, je montai sur un fort joli cheval, et, suivie par mon valet de chambre, qui était sur un autre, j'entrepris la route de Poitiers à la Rochelle. Je n'avais rien écrit à Buckingham, je me faisais un plaisir de le surprendre : je fis la route en trois jours et, étant arrivée aux portes de la ville, où je ne voulais pas entrer, je longeai la côte et apercevant une chaumière j'y dirigeai mon cheval. Je trouvai à la porte une vieille femme qui me dit : « Mon gentil seigneur, qui vous amène dans une si chétive habitation, où cependant vous êtes bien le maître de vous reposer, si cela vous plaît ? — Oui sûrement, lui répondis-je, car je suis bien fatigué, venant de Poitiers. — Je ne sais pas où cela est ; mais on m'a dit que c'était bien loin. » Laurent vint prendre la bride de mon cheval, et je descendis. La bonne vieille me fit entrer dans une grande chambre fort propre, où il y avait deux lits. « Si vous voulez, mon beau seigneur, prendre mon lit, votre serviteur prendra celui de ma fille, qui est allé au camp, pour porter à son frère quelque meilleure nourriture que celle qu'ils ont. — Je ne prendrai point votre lit, ma bonne mère, mais j'accepte celui de votre fille jusqu'à ce qu'elle soit de retour. — Il est vrai, dit-elle, qu'à mon âge, je puis coucher dans la chambre d'un beau jeune homme, sans qu'on en jase, et ce garçon, en parlant de Laurent, ira coucher au grenier : il est plein de foin, il n'aura pas froid ; mais l'embarras est de vous donner à souper. — Ne vous en inquiétez pas : c'est moi qui vous prie de partager le mien.

J'avais eu soin, à la dernière ville, de faire faire une bonne cantine, que Laurent avait placée sur la croupe de son cheval, et deux bouteilles de vin dans ses sacoches. La mère Mazard (c'était le nom de la vieille) mit le couvert. Du linge bien blanc, des plats et des assiettes d'étain, aussi claires que de l'argent, invitaient à se mettre à table. On ouvre la cantine, on y trouve une poularde, deux perdreaux rôtis, une fricassée de poulet dans un pain. Avec cela, dis-je, nous ne mourrons pas de faim. J'eus un plaisir singulier à voir la mère Mazard trouver ce repas délectable. Quand je remarquai qu'elle ne mangeait que la moitié de ce que je lui servais, je lui demandai si c'était qu'elle n'eût pas faim. « Pardonnez-moi, dit-elle, mais Louise, quand elle reviendra, aura faim aussi. — Oh! que cela ne vous empêche pas de manger, il s'en trouvera d'autres pour elle, et alors elle mangea ce qui était sur son assiette.

Après le souper, elle mit des draps blancs dans le lit, et je me couchai. Laurent resta dans l'écurie avec mes chevaux. La bonne femme m'avait conté que sa fille aimait un bon et brave garçon, qui était dans la Rochelle, et qu'elle attendait que le siége fût fini pour l'épouser, que son fils, au contraire, servait sous les ordres de M. de Thoiras, et que tout ce qu'elles craignaient, c'est qu'ils ne fussent obligés de combattre l'un contre l'autre. « Mon Dieu ! disait-elle, si l'un tuait l'autre, ma pauvre fillette ne pourrait voir celui qui resterait ; car elle aime l'un autant que l'autre. — Il faut espérer, lui dis-je, qu'ils reviendront en bonne santé tous deux, et qu'enfin la paix sera rendue à la France. — Ah ! monsieur, ce serait bien à désirer. Conçoit-on que des hommes raisonnables se battent pour des opinions religieuses ? Il fallait laisser nos prêtres se disputer ; mais verser tant de sang pour des choses que l'on n'entend pas, c'est vraiment une bien triste folie. Mais, vous, monseigneur, qui vous amène ici ?—L'amour.—Oh! l'amour! et votre maîtresse est jolie ?—Faut-il le demander? charmante.—Et est-elle dans la ville ?—Non, au fort Saint-Martin.—Elle a bien pensé être prisonnière ; si Buckingham eût attaqué en débarquant, il eût emporté le fort. Mais, monseigneur, vous êtes donc catholique.—Sûrement, à la vie et à la mort. Comme je vis que la vieille n'en finissait pas de questions, je cessai de lui répondre, et je feignis de dormir. Elle se tut. J'avais recommandé à Laurent de faire dire au duc que j'étais sur la côte, dans la chaumière d'une paysanne, qu'il m'envoyât une chaloupe, que je m'embarquerais pour le joindre.

Dès qu'il fit jour, mon valet de chambre gagna le rivage, et, voyant un pêcheur, il lui demanda s'il pourrait s'approcher de l'escadre anglaise, pour remettre une lettre au général.

— Oui, j'y allons tous les jours porter du poisson. « Un poisson est plus gros qu'une lettre. » Eh bien ! dit Laurent au pêcheur, voici la lettre, je l'avais écrite la veille, et un louis pour le port : je vous en promets deux, si vous rapportez la réponse. Le pêcheur le lui promit, et fut très-content d'une si bonne journée. Laurent le vit aussitôt ramer avec ses compagnons, pour s'approcher de l'amiral, qui était dans la rade, dont il fermait l'entrée avec son escadre. Comme il s'éleva une brume, il ne put voir si la barque s'était approchée assez pour faire entendre le sujet qui l'amenait.

Il craignait que je ne m'impatientasse de ne le point voir revenir : il hâta son retour. J'étais levée, habillée, et la vieille me faisait du chocolat, que j'avais apporté avec moi. « Eh bien ! lui dis-je, ma lettre ? — Elle est portée, et vous en aurez des nouvelles avant peu. Je retournerai à la côte, et je vous l'apporterai dès que je l'aurai. » Je voulus qu'il déjeûnât avant de se rendre sur le bord de la mer. La vieille continuait ses questions : je ne répondais qu'à celles qui me convenaient ; du reste j'aimais à lui entendre parler de ses enfans, de leur respect pour elle, dont, me disait-elle, ils ne se sont jamais écartés. Son amour pour eux me rappelait ces liens de famille, qui m'avaient rendue heureuse dans ma grande jeunesse ; que j'avais brisés, et qui laissaient dans mon cœur un vide, que rien ne pouvait remplir.

O vertu ! toi seule pares plus la cabane de l'honnête mère de famille, que le luxe insolent du vice n'embellit le palais de l'être vicieux. Ah ! si Desmaretz ne m'avait pas trompée !..... Ma mère ne rougirait pas de moi : elle n'aurait pas exigé de mes frères, de ma sœur, de n'avoir aucune relation avec moi ;

j'aurais vécu dans la société de madame de Saint-Evremont ; elle ne me fuirait pas, elle qui m'avait traitée avec tant de bonté. — Vous êtes bien pensif, mon bon seigneur. Est-ce que votre maîtresse ne veut pas vous voir ? — Au contraire mon valet de chambre lui a remis ma lettre : dans quelques heures, je serai près d'elle.—Eh bien ! qui vous attriste ? — La santé de ma mère, qui est très-mauvaise. » Elle me félicita sur mon bon cœur, me parla encore de ses enfans, et commençait à s'inquiéter de ce que Louise ne revenait pas. Elle m'avait assuré qu'elle serait ici de bonne heure. J'ai peur que mon fils n'ait été blessé », et elle se mit à pleurer. « L'être vertueux, me dis-je, a donc aussi ses douleurs » Laurent m'apportait une lettre de Buckingham. « Eloignez-vous, tristes méditations, mon amant m'appelle, volons auprès de lui. »

Je donnai deux louis à la bonne vieille ; je l'assurai que je m'informerais de sa fille, et que, si son fils était prisonnier ou blessé, je trouverais bien le moyen de lui être utile. Elle me bénit du plus profond de son ame, et je fus en effet assez heureuse pour la servir. Je me rendis au bord de la mer, un bâtiment côtier, sous pavillon neutre, m'attendait au rivage ; je me hâtai d'y monter, et, en fort peu de temps, je me trouvai à bord du *Léopard*, que Buckingham commandait ainsi que toute la flotte. Je ne pourrais peindre la joie qu'il eut de me voir. Il m'eût fait rendre les plus grands honneurs, si j'avais été sous mes habits ; mais on ne vit en moi qu'un jeune étourdi, qui quittait le camp du roi, pour passer sur la flotte ennemie. Que m'importait ce que l'on pensait de cette démarche. J'étais sûre du plaisir extrême que je faisais à Buckingham. Celui-ci me le marqua avec un délire qui me paya de la peine que j'avais prise pour le venir trouver de si loin. Il ne concevait pas comment j'avais pu avoir cette heureuse idée.

Je passai quinze jours à bord ; mais l'ordre du roi d'Angleterre était venu de ramener l'escadre dans le port. Il fallait bien nous séparer : je ne sais quel pressentiment nous occupait l'un et l'autre ; mais nos adieux étaient extrêmement tristes. Il semblait que nous ne dussions jamais nous revoir. Quelques expressions de la lettre, que j'avais encore présentes, me revenaient, et je lui en demandais l'explication, sans me vanter de l'avoir fait voir au cardinal. Je lui dis que je ne concevais pas comment il pouvait avoir des idées aussi lugubres. « Je veux bien, dit-il, vous informer de ce qui a jeté dans mon âme cette teinte si opposée à mon caractère; mais n'en parlez à personne : on me croirait un esprit faible.

Peu de jours avant l'embarquement, un vieil officier de marine vint me trouver, et me dit qu'il avait quelque chose à me communiquer, qui demandait le plus grand secret. Je connaissais particulièrement ce brave homme : il était frère d'armes de mon père, qui l'aimait sincèrement ; ainsi je ne pouvais craindre qu'il eût de mauvais desseins contre moi. Je lui donnai rendez-vous pour le lendemain matin ; je m'en étais si peu occupé, que j'avais oublié de donner l'ordre de le laisser entrer. Il se présenta, et on l'assura qu'il ne pouvait me voir. Il insista, et dit à un de mes aides-de-camp qu'il le priait de me dire qu'il s'était rendu à mes ordres, et il se nomma. Je me rappelai aussitôt le vieil ami de mon père, et je me hâtai de le faire entrer. Je l'engageai à s'asseoir près de moi ;

mais il ne le voulut pas. Je me levai, car il ne me paraissait pas convenable qu'il me parlât debout, et de rester assis; alors il prit le siége que je lui avais offert, et, après quelques instans d'hésitation, il me dit : « Vous n'avez point oublié, milord, les bontés particulières dont feu le duc de Buckingham, votre père, m'honorait. — Je m'en souviens parfaitement, et, à ce titre, vous pouvez, monsieur, m'employer auprès du roi pour quelque chose que vous puissiez désirer : je ferai tous mes efforts pour vous le faire obtenir.—Hélas, milord, je n'ai rien à demander. Arrivé avec honneur au terme de ma carrière, j'ai obtenu une retraite suffisante, et je n'aspire qu'à me réunir avec ma famille. Ce n'est point pour moi que je viens vous interrompre. — Si c'est pour un de vos parens ou un de vos amis, c'est la même chose.—Oh ! c'est pour un être qui m'est infiniment cher, pour qui je verserais les dernières gouttes du sang que mes nombreuses blessures ont laissé dans mes veines, pour celui à qui vous devez prendre le plus grand intérêt ; pour vous, milord.—Pour moi, mon cher capitaine, que voulez-vous dire ?—Il y a plus de six mois, milord, que je devais vous faire part d'un secret d'où dépend peut-être le sort de votre vie ; mais j'ai craint que vous ne m'accusassiez de faiblesse et de superstition, que vous ne traitassiez de fables ce que j'ai à vous rapporter ; mais enfin, pressé par votre illustre père à vous le révéler, et à l'instant où vous allez vous embarquer, j'ai pensé qu'il ne m'était plus possible de différer. » Je regardai le capitaine, et, croyant, comme je le crois encore, que son timbre était dérangé, je lui répondis avec douceur : « Vous n'ignorez pas qu'il y a dix ans que j'ai eu le malheur de perdre mon père. Comment, dans ce moment, vous presserait-il de me révéler ce qu'il vous a chargé de me dire? — Je sais qu'il y a déjà bien des années que la tombe a englouti les rares qualités de milord Buckingham, et qu'il ne nous reste que son souvenir ; aussi je ne voulais pas croire qu'il y eût la moindre vérité dans l'apparition. — Mon père vous a apparu : il aurait bien dû me donner la préférence. — Ah ! je ne vois que trop, milord, que vous me traitez de visionnaire : je devais m'y attendre ; mais pouvais-je me taire, quand, chaque nuit, cette ombre respectable se présente à moi, et me dit : « Cher ami de ma jeunesse, toi que je regardais comme un autre moi-même, va trouver mon fils ; dis-lui qu'il abuse (pardonnez, milord, ce sont les propres paroles de votre père), qu'il abuse du crédit que le roi lui accorde, que le peuple murmure, que les grands le haïssent, et que, s'il ne change pas, il sera la victime de son orgueil et de la perfidie de ses ennemis » Je remerciai le capitaine de ses avis, et l'assurai que, tant qu'ils ne me viendraient que par des voies aussi extraordinaires, ils m'inquiéteraient peu ; que je ne faisais que ce que tout autre ferait à ma place, profiter des bontés du roi ; que, si mon père trouvait à reprendre à ma conduite, il pouvait bien me le dire à moi-même ; que, jusque là, il trouvera bon que je change rien à ma manière d'être. « Milord, milord, me dit ce pauvre homme, les larmes aux yeux, vous ne voulez pas écouter la voix du ciel, craignez qu'il ne vous punisse de votre endurcissement. — Monsieur, lui dis-je, j'ai écouté avec assez de patience les fables que vous débitez depuis une heure. C'est assez ; mon temps appartient à l'Etat, et je ne puis le perdre pour écouter des contes de vieilles. — Vous oubliez, milord, que je suis gentilhomme...— Non ; je m'en souviendrais si vous étiez de mon âge ; mais je ne suis pas un assassin. J'ai eu tort, je vous en demande pardon ; je suis sûre que vous êtes persuadé de ce que vous dites ; mais je ne puis le croire, restons-en là, et qu'il n'en soit plus question. — Je me tais ; mais un jour vous saurez peut-être qu'il n'était que trop vrai !.... » Il me quitta. Eh bien ! croiriez-vous que, depuis ce moment, ce qu'il m'a dit se présente presque toujours à mon esprit et à ma pensée, et trouble mon imagination.

Plus surprise peut-être que Buckingham, de ce récit, je m'efforçai néanmoins de disssiper ses sombres idées. Mais ma fatale démarche auprès du cardinal me faisait trembler. Je me disais, s'il s'unissait aux ennemis du duc, s'il était victime d'un complot ; jamais je ne m'en consolerais ; et éloignant toutes idées superflueuses, j'engageai seulement Buckingham à prendre des précautions pour se mettre à l'abri des conspirations que le cardinal pouvait fomenter contre lui. Depuis cette conversation, je ne pouvais me résoudre à le quitter. Il me semblait que j'éloignerais de lui les pièges que l'on pourrait lui tendre : mais d'un autre côté comment abandonner tout ce que je possédais en France, et qui devenait chaque jour plus considérable ? Je me déterminai donc, non sans peine, à me séparer du duc. Il me fit remettre à terre par une chaloupe canonnière, qui, ayant été vue du fort St.-Martin, reçut la décharge d'une des batteries, ce qui me fit une peur horrible. Heureusement qu'aucun boulet n'atteigni le petit bâtiment, qui me remit à terre un peu avant la marée montante. Je gagnai promptement la maison de la bonne vieille, où Laurent m'attendait ; je trouvai cette pauvre femme dans la plus grande douleur. Sa fille et son fils avaient été enlevés par un parti protestant, et faits prisonniers ; et dans le même temps, son futur gendre, dans une sortie, avait été blessé, et était resté au pouvoir des royalistes.

On se rappelle que j'avais promis à la mère Mazard de lui faire rendre ses enfans, s'il leur arrivait d'être faits prisonniers. Je l'assurai que je tiendrais ma parole, et, après m'être reposée quelques heures, je montai à cheval, et, suivie de Laurent, je vins sous le canon de la ville. Je rencontrai une sentinelle à qui je dis que je venais de la part de M. de Rohan, pour faire part aux princesses (1), d'une chose dont elle seules pouvaient être instruites. On me dit d'attendre, et on

---

(1) Mesdames de Rohan défendaient la ville contre le cardinal.

alla rendre compte de ma demande. Peu d'instans après un officier sortit de la place et me dit que j'entrerais seule et ayant les yeux bandés. Je me soumis à tout ce que l'on voulait ; on me conduisit au palais de la princesse de Rohan, on me débanda les yeux : je tirai de mon sein le portrait de Buckingham, que je savais être fort connu de Mme de Rohan. — Madame, lui dis-je, voilà mon passe-port ; pardonnez la ruse que j'ai employée pour parvenir jusqu'à vous. Ami du duc de Buckingham je le quitte il y a peu d'heures. Il m'a chargé de remettre à Paris ce portrait à une dame de haut parage, ce qui vous prouve sa confiance en moi. Je suis chargé en outre par lui de vous dire que vous soyez parfaitement tranquille, et que, si vous entendiez dire que l'escadre anglaise se retire, vous n'en éprouviez aucun découragement, parce qu'on fait les plus grands préparatifs en Angleterre, pour un armement infiniment plus considérable que celui-ci; et qu'il reviendra pour chasser enfin les troupes du cardinal.

Madame de Rohan était tout étonnée que le duc eût confié ce secret à un si jeune homme, dont les traits ne lui étaient pas inconnus; mais elle n'en était pas moins reconnaissante de la peine que j'avais prise de venir le lui apprendre. Elle me demanda mon nom, permettez-moi, lui dis-je, madame, que je vous le taise, croyez néanmoins que je vous suis dévoué : mais, si vous imaginez me devoir quelque reconnaissance, pour le faible danger que je cours en venant dans vos murs, accordez-moi la liberté d'un frère et d'une sœur nommés Mazard qui sont parmi vos prisonniers; ce sont les enfans d'une pauvre veuve, qui n'a qu'eux pour appui. La princesse me les accorda aussitôt, et dit qu'on les laissât sortir avec moi, à la condition que le jeune homme ne servirait pas, tout le temps du siége.

Je remerciai madame de Rohan de ses bontés et comme je la quittais, elle me dit à l'oreille, vous n'avez pas voulu me dire qui vous êtes, mais sachez que je vous ai reconnue dès que je vous ai vue, vous avez demeuré trois ans chez madame de Saint-Evremont, et je vous ai vu avec elle chez la comtesse de la Ferté. — Que cela soit ou non, madame, je vous supplie de n'en point parler. — Vous pouvez en être certaine; le cardinal ne vous le pardonnerait pas : je pris sa main que je baisai avec respect, et je la quittai non sans quelqu'inquiétude d'être reconnue par d'autres. On me banda les yeux, on en fit autant au fils et à la fille Mazard qui ne concevaient pas par quel miracle on leur rendait la liberté.

Quand nous fûmes hors des glacis, et

que l'on nous eut eu débandé les yeux, Louise et son frère furent bien surpris en me voyant : mes amis, leur dis-je, je vais vous rendre à votre mère.— La belle enfant vous allez venir en croupe avec moi, et Mazard montera avec Laurent le même cheval, Louise ne savait trop si elle pouvait se confier à un jeune seigneur. Soyez sans crainte, la belle enfant vous êtes, avec moi, aussi en sûreté qu'avec votre mère. Elle monta légèrement derrière moi, et, passant son bras autour de ma taille, elle se tint ferme, je mis mon cheval au galop, et en fort peu d'heures nous fûmes à la chaumière.

Qui peindra la joie de cette bonne mère en voyant ses enfans; elle ne savait auquel courir, ils se précipitèrent tous deux dans ses bras, et après leur avoir rendu leurs caresses, elle les repoussa doucement et vint se jeter à mes pieds. Que faites-vous, lui dis-je en la relevant et la serrant contre mon sein, car j'étais émue de cette scène touchante?—Ah! comment vous marquer ma reconnaissance? — En jouissant du bonheur de revoir vos enfans : mais tout le monde n'est pas encore content; Louise n'a pu voir son ami, qui avait été fait prisonnier le même jour qu'on l'avait amené dans la ville, il faut bien aussi que je l'aie demain, je vais au fort Saint-Martin, et il faudra qu'on me le rende. »

Ces bonnes gens ne savaient comment m'exprimer leur satisfaction; mais surtout Louise était touchée jusqu'aux larmes de la bonté que j'avais d'aller chercher son prétendu. « Mais, disait la mère, c'est fort bien, avec tout cela je ne sais si Mathurin Loyau se décidera à céder son moulin à son fils, car l'amour, c'est fort bien, mais cela ne fait pas vivre; au lieu que si vous aviez le moulin, vous prendriez votre frère pour garde-moulin, et vous feriez de bonnes affaires. — Cela est vrai, disait Louise, mais comment le père Loyau vivrait-il ? S'il pouvait donner trois mille francs à son frère Jacques, il aurait la ferme de défunt Henri Loyau ; alors Mathurin ferait valoir la ferme, et l'autre mettrait cet argent là à acheter des moutons. — Il n'est donc question, pour que tout le monde soit content que de trois mille livres. — O mon Dieu ! oui, cela arrangerait toutes choses, mais on ne trouve pas aisément une si grosse somme, surtout dans ce moment-ci, ou la guerre empêche le commerce. — Quand je me serai fait rendre Loyau, après cela nous verrons à avoir les mille écus » et ces braves gens ouvraient de grands yeux, et me croyaient à moitié sorcière.

J'avais dit en arrivant à Laurent, de nous faire à souper, il s'y entendait assez bien, et le repas était fort bon.

Je ne voulus pas que l'on fît deux tables. Mazard monta au grenier où il couchait ordinairement; Laurent à l'écurie : la mère et la fille couchèrent dans le même lit, et moi dans le mien. Pour ne pas effaroucher la pudeur de la jeune fille, j'enveloppai le lit dans les rideaux, et la bonne mère Mazard les attacha avec des épingles (1). Je dormis avec le calme qu'une bonne action répand dans l'ame, et dès qu'il fut jour, j'engageai la mère et la fille, pour préparer le déjeûner, à se lever: (ce qu'elles ne faisaient pas, dans la crainte de me réveiller) je sortis aussi de dessous les rideaux tout habillée, et j'entendais la mère qui disait à la fille : « Il est impossible d'être plus honnête que ce jeune seigneur, il est sage comme une fille. »

Le déjeûner servi, j'y fis honneur,

---

(1) Cela n'était pas aussi nécessaire que ceux du lit de Sterne, dans son voyage sentimental.

et Laurent ayant sellé les chevaux, nous partîmes pour le fort Saint-Martin. Je connaissais M. de Toiras, je l'avais vu chez Ninon, dont il était un des adorateurs. Avant de monter à cheval, j'avais écrit un billet conçu en ces termes :

« La meilleure amie de Ninon, sous
» les habits d'un jeune sous-lieutenant,
» voudrait bien voir un instant M.
» de Toiras. »

M. D. L.

Je remis ce billet à un conducteur de vivres qui entrait à ce moment dans le fort ; il le donna au commandant du poste, qui gardait la porte par laquelle il entrait. Cet homme, voyant une lettre à l'adresse du général, ne perdit pas un moment pour la lui remettre. M. de Toiras ne l'eut pas plutôt ouverte, qu'il se mit à rire comme un fou : « allez vîte, dit-il, ouvrir à cet extravagant, dites-lui qu'il sera bien reçu. » On vint en effet m'ouvrir la porte ; j'entrai suivie de Laurent, sans la moindre difficulté. On me conduisit chez le général, qui me dit : « Ma foi je ne m'attendais pas à une si agréable visite, ma chère Marion; je lui mis la main sur la bouche, il la baisa avec transport. — Et pourquoi ne faut-il pas vous nommer ? — Que dirait le maréchal ? il me croit aux eaux. — Et que diable venez-vous faire ici, je vous croyais avec lui ? — Pas du tout ; si vous voulez être discret. — Je le serai comme ces murailles, » et il m'emmena dans une petite tourelle, et il ne savait quelle caresse me faire. Il y avait trois mois qu'il était enfermé dans ce fort, sans avoir vu une figure humaine en fait de femme. Je profitai de la vivacité de ses transports, pour lui demander la liberté de Loyau, qu'il m'accorda sur le champ. Il donna ordre qu'on allât à l'hopital, savoir s'il était guéri : on revint dire que le prétendu de Louise, était en parfaite convalescence. Je voulais qu'on me le donnât sur-le-champ pour retourner avant la fin du jour à la chaumière. M. de Toiras prétendit qu'il était trop tard, et que c'était m'exposer à être enlevée par quelque parti de la ville. Il fallut bien rester : un souper délicat fut servi, pour moi et le général... Il fut très-aimable. Et, pour occuper une nuit où la décence ne permettait pas que je me couchasse, je lui racontai toutes les particularités de ce singulier voyage qui le réjouirent beaucoup. Il me parla de Ninon en amant passionné, et me chargea pour elle d'une lettre brûlant d'amour : était-il aussi fidèle que tendre ? je laisse au lecteur à en juger.

Dès qu'il fit jour, je voulais le quitter. Il s'y opposa, et fit encore servir à déjeûner pour lui et pour moi; mais ce fut à condition qu'il m'escompterait, sur Bordeaux, une lettre de change de trois mille francs. Il me demanda ce que j'en voulais faire. « Marier Louise Mazard avec Charles Loyau. — Je vous reconnais là, me dit-il ; bonne autant que belle. » Je ne lui dis pas que cet argent faisait partie de celui du montant de deux années d'avance des cinq cents guinées que me faisait le duc de Buckingham : il eût alors trouvé que j'avais moins de mérite, en faisant ce léger sacrifice ; enfin, après m'avoir fait promettre de le recevoir à Paris, dès qu'il y viendrait, en dépit de tous les ducs, maréchaux, princes, etc., etc., je lui dis que le plaisir qu'il me procurait, en me mettant à même de faire un couple heureux, l'assurait de mon éternelle reconnaissance.

Nous nous séparâmes. Je trouvai, à la porte par où nous devions sortir, Charles Loyau, qui, malgré qu'il fût pâle et maigre ; me parut un assez joli garçon. Laurent le fit monter en croupe, et nous arrivâmes vers midi à la chaumière. Louise était inquiète ; elle n'avait pas dormi de la nuit. Sa joie fut grande en voyant Charles ; mais cependant elle le trouva bien changé. Il était faible, et le voyage l'avait fatigué ; mais le bonheur de voir Louise l'aura, disait-il, bientôt guérie.

« A présent que vous avez le mari, il faut chercher la dot », et, tirant une bourse de ma poche, je dis : « Voici les trois mille livres que vous donnerez en mariage à Charles : il les remettra à son père ; pour qu'il lui cède le moulin. » Je ne pourrais pas exprimer ce qui se passa dans l'âme de ces bonnes gens, la surprise, la joie, la reconnaissance. Ils embrassaient mes genoux, mes mains ; ils les mouillaient de larmes de tendresse ; enfin je n'ai jamais eu un plus beau moment dans ma vie. Je voulus qu'on allât sur-le-champ chercher Mathurin Loyau ; qui eut une grande satisfaction en revoyant son fils, et guères moins de la dot de sa future belle-fille. Il céda sur-le-champ le moulin à son fils, et nous invita tous à y venir souper et coucher, que nous serions mieux que chez la mère Mazard, à qui sa fille demanda en grâce de venir vivre avec elle. Elle y consentit; mais elle dit qu'elle voulait que sa fille restât à la chaumière jusqu'à son mariage. Je l'assurai que je ne quitterais pas non plus la cabane hospitalière, et, comme je vis que Charles paraissait éprouver un moment de jalousie, je priai que tout le monde sortît, excepté la mère Mazard. « Il est temps, lui dis-je, que vous sachiez que le prétendu jeune homme n'est autre qu'une femme, et, ouvrant ma valise, j'en tirai une fort belle robe, que la bonne mère m'aida à mettre. Quand je fus habillée, je dis que l'on pouvait rentrer : ce fut alors qu'ils me crurent une véritable fée ; mais leur mère les assura qu'il n'y avait nul prestige, et que j'étais en effet une belle et aimable femme.

Charles ne me cacha pas qu'il était fort aise de la métamorphose, qu'il n'aimait pas que sa future eût couché plusieurs nuits dans la même chambre qu'un jeune homme. Je restai donc à la chaumière avec la mère et la fille. Les jeunes gens allèrent au moulin que le père céda à son fils ; comme il en était convenu. Jacques Loyau donna sa ferme à son frère, et sa fille à son neveu. Les deux mariages se firent huit jours après. Je ne voulus point partir que ces bonnes gens ne fussent unis ; je restai même deux jours après leurs noces, dont je fis une grande partie des frais ; enfin, après avoir fait le bonheur de toute cette famille, je repris le chemin de Poitiers, où je retrouvai ma voiture et mes gens. Dorothée était très-inquiète de moi. Je lui dis que, lorsque nous serions en route, je lui raconterais tout ce que j'avais fait, ce qui lui parut bien extraordinaire et très-dangereux, et elle me dit : « Tout cela va au mieux ; mais le maréchal le saura, et que dira-t-il ? — Tout ce qu'il voudra, cela m'est bien égal. »

Je continuai ma route fort gaîment répandant le long des chemins dans les mains des pauvres une partie de l'argent du duc, que je ne croyais pas qui dût être le dernier que je recevrais de sa munificence. Car j'espérais bien qu'il ferait lever le siége, que le cardinal serait exilé, et que Buckingham reviendrait à Paris, et partagerait son temps entre cette ville et Londres, comme son cœur l'était entre moi et Jenny Epson. Vains projets qui ne devaient point avoir leur exécution, et qui me faisaient regarder comme une fort petite perte celle du maréchal, que je n'avais jamais aimé, et dont les manières graves et compassées ne pouvaient s'accorder avec mon extrême vivacité. Je voyageais à petites journées avec mes chevaux; parce que je ne sais quel pressentiment, ne m'avait pas permis de les laisser à l'hôtel de Guébriant, ainsi que ma voiture.

Arrivés à Paris, mon cocher, sans que j'eusse besoin de lui en donner l'ordre, prend les rues qui menaient à celle où était situé l'hôtel du maréchal. Il se range comme pour entrer. Un de mes gens frappe à la porte, et demande qu'on l'ouvre. « Attendez un instant, dit le suisse, M. le maréchal a dit : quand Mme Marion arriverait de faire appeler l'aide-de-camp. » Mon laquais assez surpris, vint me rendre cette réponse. Je me mis à rire, et Dorothée me dit vous l'avez bien mérité. Et, au même moment, Ste.-Croix (c'était l'aide-de-camp) se présente à la portière; je dis qu'on l'ouvre, il monte et me remet ce billet de la main du maréchal:

« Vous aimez trop les voyages, ma-
» demoiselle, pour que la vie que je
» mène à présent puisse vous conve-
» nir. J'ai donné ordre que l'on re-
» portât rue des Tournelles tout ce
» qui vous appartenait. Je désire que
» vous soyez heureuse sans moi; je
» tâcherai de l'être sans vous que je ne
» reverrai jamais. »

«Voilà qui est d'une grande dignité; dites, mon cher Ste.-Croix, à votre maréchal, qu'il m'oblige sensiblement, en m'évitant le désagrément de lui dire que mon intention était aussi de revenir dans ma jolie retraite, où règnent la liberté et le plaisir. Si vous ne boudez pas comme votre général, j'aurai grand plaisir de vous y recevoir. » Il m'assura qu'il profiterait avec transport de la permission que je lui donnais, et que le respect qu'il devait à M. de Guébriant l'avait seul empêché de m'offrir ses hommages. Je ne répondis que par un sourire, qu'il interpréta en sa faveur, et il fut depuis un des hommes de ma société que je vis avec plus de plaisir.

Il me quitta, et je dis à mon cocher : chez moi rue des Fossoyelles. Dorothée était désolée; je riais, et plus elle me disait que j'avais eu grand tort, plus je trouvais, au contraire, que j'avais très-bien fait, et que je ne pouvais pas acheter trop cher la liberté et le repos.

Fin du premier volume.

www.ingramcontent.com/pod-product-compliance
Lightning Source LLC
Chambersburg PA
CBHW060230190426
43198CB00049B/1453